ଲୁଣ ଓ ଅନ୍ୟାନ୍ୟ କବିତା

ଲୁଣ ଓ ଅନ୍ୟାନ୍ୟ କବିତା

ସଂଘମିତ୍ରା ରାଏଗୁରୁ

ବ୍ଲାକ୍ ଈଗଲ୍ ବୁକ୍ସ
ଭୁବନେଶ୍ୱର, ଓଡ଼ିଶା

BLACK EAGLE BOOKS
Dublin, USA

ଲୁଣ ଓ ଅନ୍ୟାନ୍ୟ କବିତା / ସଂଘମିତ୍ରା ରାଏଗୁରୁ

ବ୍ଲାକ୍ ଈଗଲ୍ ବୁକ୍ସ : ଭୁବନେଶ୍ୱର, ଓଡ଼ିଶା ● ଡବ୍ଲିନ୍, ଯୁକ୍ତରାଷ୍ଟ୍ର ଆମେରିକା

BLACK EAGLE BOOKS

USA address:
7464 Wisdom Lane
Dublin, OH 43016

India address:
E/312, Trident Galaxy, Kalinga Nagar,
Bhubaneswar-751003, Odisha, India

E-mail: info@blackeaglebooks.org
Website: www.blackeaglebooks.org

First International Edition Published by
BLACK EAGLE BOOKS, 2023

LOONA O ANYANYA KABITA

by **Sanghamitra Raiguru**
Ranchi, Jharkhanda
Cell: 8839570663 / 7693886355
Email:sangha.raiguru@gmail.com

Copyright © Sanghamitra Raiguru

All rights reserved. No part of this publication may be reproduced, stored in a retrieval system, or transmitted, in any form or by any means, electronic, mechanical, photocopying, recording or otherwise without the prior permission of the publisher.

Cover & Interior Design: Ezy's Publication

ISBN- 978-1-64560-435-8 (Paperback)

Printed in the United States of America

ସାମ୍ପ୍ରତିକ ପରିବେଶ ପରିସ୍ଥିତିରେ ମୁଁ ଭେଟିଥିବା ଓ ମୋତେ ଭେଟିଥିବା ମୁହୂର୍ତ୍ତମାନେ କବିତା-କବିତା ହୋଇ କଲମରେ ନିଜ ନିଜ ଜାଗା ବାଛି ନେଇଛନ୍ତି। କେବେ ଚଢ଼େଇ କେବେ ସମୁଦ୍ର, କେବେ ଫୁଲ କେବେ ପଥର ଆଉ କେବେ କେବେ ଶୂନ୍ୟତାର ସ୍ୱରରେ ମହକେଇଛନ୍ତି ମୋତେ, ପାଲଟି ଯାଇଛନ୍ତି ଲୁଣର ଅନ୍ତଃସ୍ୱର ଦାଣ୍ଡିଯାତ୍ରାର ସାରା ରାସ୍ତା। ସର୍ବୋପରି କହିବାକୁ ଗଲେ ଗୋଟେ ନାରୀ, ଜଣେ ମଣିଷର ସ୍ୱର ଠିକ୍ ସେଇ ପଣିଅରେ ଜୁଡୁବୁଡୁ ହେବା ଥୟ ଯାହା ବିନା ଏ ଧରା ଅସାର, ଏ ଆକାଶ ନିରର୍ଥକ, ଏ ପବନ ସୁଦ୍ଧା ଅଙ୍ଗାରକାମ୍ଳ।

ସଂଘମିତ୍ରା ରାଏଗୁରୁ

ଅଗ୍ରଲେଖ

ଅଶୀ ଦଶକର କାଳ ଖଂଡ଼ରେ କେତେକ ତରୁଣ ପିଢ଼ିର କବି ନବନବ ଉନ୍ମେଷଶାଳିନୀ ପ୍ରଗ୍ୟାଂର ଜ୍ୟୋତିରେ ଦୀପ୍ତିମଂତ ହୋଇ ନିଜ ଜୀବନାନୁଭୂତିର ଗଭୀରତା ଓ ଜୀବନାନୁଭବର ବିଶାଳତାକୁ ନେଇ ଐତିହ୍ୟ ସଂପନ୍ନ ଆମ କାବ୍ୟ-କବିତାକୁ ନୂଆ ନୂଆ ରୂପ ଓ ରଂଗରେ ଚିତ୍ରାୟିତ କରି ଓଡ଼ିଆ କାବ୍ୟ ଭଂଡ଼ାରକୁ ଅଧିକରୁ ଅଧିକ ରସୋତ୍ତୀର୍ଣ୍ଣ କରି ଆସୁଛଂତି ନିରବଛିନ୍ନ ଭାବରେ। ସଂଘମିତ୍ରା ରାଏଗୁରୁ ସେଇ ଦଶକର ଏକ ପ୍ରଚଂଡ଼ ପ୍ରତିଭାବାନ ସହକବି ଯିଏ ସୁନିର୍ବାଚିତ ଶବ୍ଦ ପୁଂଜରେ, ନିଜସ୍ୱ ଶୈଳୀରେ ରଚନା କରି ଆସୁଛନ୍ତି ରାଶିରାଶି କବିତା।

ନିଜେ ବଂଚୁଥିବା ନିଜ ଜୀବନକୁ ଆତ୍ମୀୟତାର ସହ ଭଲ ପାଉଥିବା ଏହି କବି ପ୍ରେମପ୍ରଣୟର, ଆନଂଦବିଷାଦର, ମୋହମାୟାର ମିଳନବିଚ୍ଛେଦର, ଛଳଛଦ୍ମର, ଭାବଅଭାବର ଅଂଗନିଭା ଅନୁଭୂତିକୁ ନେଇ କବିତାରେ ରୂପ ଦେଲାବେଳେ ତାହା ବୃହତ୍ତର ପାଠକ ସମାଜ ଦ୍ୱାରା ଆଦୃତ ମଧ୍ୟ ହେଉଅଛି। କବିତା କୌଣସି ନିର୍ଦ୍ଦିଷ୍ଟ ସୀମା ସରହଦ ଭିତରେ ଗୃହବଂଦୀ ହୋଇ ରହିବାକୁ ଚାହେଁନି। କବିତା କବି ପାଇଁ ଶବ୍ଦର ସତ୍ୟପାଠ,

ନିରବତାର ମଂତ୍ରପାଠ। କବିତାର ଧରାବଂଧା ପ୍ରଚଳିତ ବ୍ୟାକରଣ ନଥାଏ, ପ୍ରତ୍ୟେକ କବି କବିତା ଲେଖିଲା ବେଳେ ନିଜ ରଚି ଅନୁଯାୟୀ ବ୍ୟାକରଣ ସୃଷ୍ଟି କରିଥାଂତି। କବିତା କବି ପାଇଁ ଏକ ଐଶ୍ୱରୀକ ବିଭୂତି। ସଂଘମିତ୍ରାଂକ ଶବ୍ଦବସାଣ, ଚିତ୍ରକଳ୍ପ ଚୟନ ଶୈଳୀ ନିରୂପଣ ଅନ୍ୟ ସମସାମୟିକ କବି ମାନଂକଠାରୁ ଭିନ୍ନ ଓ ସ୍ୱତଂତ୍ର। ପରଂପରା ଭିତରେ ଥାଇ ପରଂପରାର ଅଂଧ ଅନୁକରଣରୁ, ଶାବ୍ଦିକ ଛଳଛଦ୍ମରୁ ଓ ଶୈଳୀଗତ ଉଚ୍ଛୃଂଖଳତାରୁ ଦୂରତେ ଥାଇ ଶବ୍ଦ ବ୍ରହ୍ମର ନୀରାଜନାରେ ସେ ଗଢ଼ି ତୋଳନ୍ତି ନିଜ ବାଗରେ ରଂଗାରଂଗ କାବ୍ୟ କୋଣାର୍କ। ସେଥିପାଇଁ ତାଙ୍କ କବିତାର ପ୍ରତି ବାକ୍ୟ, ବାକ୍ୟାଂଶ, ପ୍ରତିଟି ପାରାଗ୍ରାଫ୍ କାବ୍ୟିକ ଛଳଛଳ ଓ ରସୋତ୍ତୀର୍ଣ୍ଣ।

ଏହି ଦ୍ୱି-ଭାଷୀ କବିଂକ କାବ୍ୟ କବିତା ଏକ ଉଦ୍ଦାତ୍ତ ଉଦାହରଣ କହିଲେ ଅତ୍ୟୁକ୍ତି ହେବନାହିଁ। ବାଗ୍‌ଦେବୀ ନୀଳ ସରସ୍ୱତୀଂକ ଅଖଂଡ଼ ଆଶୀର୍ବାଦ ତାଙ୍କ ଉପରେ ଥିବାରୁ ସେ ଜିଅଂତି ଏକ କାବ୍ୟମୟ ଜୀବନ ସାରା ଜୀବନକାଳ। **'ଲୁଣ ଓ ଅନ୍ୟାନ୍ୟ କବିତା'** ଶୀର୍ଷକ ସଂକଳନ ଅନ୍ୟ ସଂକଳନ ପରି ପାଠକାଦୃତ୍ତ ହେବ ବୋଲି ମୋର ଆଶା ଓ ବିଶ୍ୱାସ। ଏହି ଅବସରରେ ମୁଁ କବି ସଂଘମିତ୍ରାଙ୍କ ସର୍ଜନଶୀଳ ଜୀବନର ଉତ୍ତରୋତ୍ତର ଉନ୍ନତି କାମନା କରିବା ସହ 'ବ୍ଲାକ୍ ଇଗଲ ବୁକ୍ସ'ର ପ୍ରକାଶକଙ୍କୁ ଆଂତରିକ ଧନ୍ୟବାଦ ଜଣାଉଛି।

ପୁଷ୍ପଧନୁ, ଭୁବନେଶ୍ୱର **ଡ. ଫନୀ ମହାଂତି**

୨୫/୦୫/୨୦୨୩

ଭୂମିକା

ଭାବ ଶବ୍ଦରେ ରୂପାନ୍ତରିତ ହେବା ପରି ଏକ ଅଦୃଶ୍ୟ ମନସ୍ତାତ୍ତ୍ୱିକ ବ୍ୟାପାରରେ ଯିଏ ବୁଡ଼େ, ତାକୁ ନଦିଶିଲା ବସ୍ତୁ ଦିଶେ । ଅର୍ଥପୂର୍ଣ୍ଣ ଦିଶେ । ପ୍ରକୃତି ଓ ବସ୍ତୁରାଜିରୁ ତା'ର ମନ କେତେ ଭାବ ଓ କେତେ ଅର୍ଥ ସାଉଁଟେ । ତା'ର ଭାବଯୋଗର ଅନୁଭବ ଓ ପ୍ରତୀକମାନଙ୍କୁ ଚିହ୍ନିପାରିବାର ଭାଷିକ ଶକ୍ତି ତାକୁ ନାନା ରୂପେ ଅଭିନବ ଶବ୍ଦରେ ରୂପାୟିତ କରେ । ଶବ୍ଦ ହିଁ ପୃଥିବୀ । ଅପ୍ରକାଶ୍ୟ ପୃଥିବୀର ଅର୍ଥ ଦିଶେ ଭାବରେ, ତୃତୀୟ ନୟନରେ । ପ୍ରକାଶ୍ୟ ହେବା ପାଇଁ ଅବଚେତନରେ ସଂଚିତ ଚିତ୍ର, ପ୍ରତୀକ ଓ ଭାବ ଉପଯୁକ୍ତ ଶବ୍ଦରେ ଉତୁରି ଆସେ ଯାହାକୁ ସର୍ଜନାତ୍ମକ ଗର୍ଭବାସ ବୋଲି କବି ଅନୁଭବ କରେ । ଶବ୍ଦରେ ନିର୍ମିତ କବିତା ଯେତେବେଳେ ପାଠକ ପାଖରେ ଚିତ୍ରମୟ ହୁଏ, ଦୃଶ୍ୟହୁଏ, ତାହା କବିର ସୃଜନ ମନୋଭୂମିର କଳ୍ପଲୋକରୁ ପାଠକର ମନୋଭୂମି ପାଖରେ ରୂପବନ୍ତ ହୁଏ । ଗୋଟିଏ କବିତାର ଅର୍ଥ ପାଠକ ପାଖରେ ନୂତନ ରୂପ ନେବା ପଛରେ ଥାଏ ପାଠକର ଆଗ୍ରହ, ଏକାଗ୍ରତା, ବିଶ୍ୱାସ ଓ ଶବ୍ଦରୁ ଅଦୃଶ୍ୟକୁ ଦୃଶ୍ୟମୟ କରିବାର ଶୈଳ୍ପିକ ପ୍ରକ୍ରିୟା । ତା ସହିତ ଅଭିବ୍ୟକ୍ତ ହୋଇ ଉଠେ

ପାଠକର ସଂଗୁପ୍ତ କାବ୍ୟ ଚେତନା । କବି ଓ ପାଠକର ଅନୁଭବ, ଓ ପୂର୍ବ ସ୍ମୃତି ଏକାକାର ହୋଇ ଉଠେ, କାବ୍ୟରେ ତାକୁ 'ସାଧାରଣୀକରଣ' ବୋଲି ଧ୍ୱନ୍ୟାଲୋକର କବି ଆନନ୍ଦବର୍ଦ୍ଧନ କହିଛନ୍ତି । ଏଥିରେ ଥାଏ କବିତାର ପୁନର୍ଜନ୍ମ । କବିତା ଗୋଟିଏ, ହେଲେ ଏହାର ପ୍ରତିଟି ପାଠରେ ଥାଏ ଏକ ନିତ୍ୟ ନୂତନ ଅନୁଭବ । କବିତାର ଶବ୍ଦରେ କି ଅଭିଧାରେ ଅର୍ଥ ନଥାଏ । ଥାଏ ତା'ର ଗଭୀର ଅର୍ଥରେ ।

ସାଧାରଣ ଗୃହିଣୀ ପାଇଁ 'ଲୁଣ' ଏକ ଦୈନନ୍ଦିନ ଅସଚେତନ ବସ୍ତୁ ତାହା ଜଣେ ଅଭ୍ୟାସ ବଶତଃ ବ୍ୟଞ୍ଜନରେ ଦିଏ ! ବ୍ୟଞ୍ଜନ ସ୍ୱାଦିଷ୍ଟ ହୁଏ । କବିତାର ଲୁଣ ଅଭିଧା ଅର୍ଥରେ ଗୋଟିଏ ବସ୍ତୁ ନୁହେଁ, ଏହା ଏକ ପ୍ରତୀକ, ଏକ ଭାବ, ଯହିଁରେ କବିର ଚେତନା ସମୟ, ସ୍ଥାନ, ଅବସ୍ଥା ଓ ଘଟଣାକୁ ଅତିକ୍ରମି ଏମିତି ଏକ ଭାବ ପ୍ରସ୍ତୁତ କରେ, ତାହା କାବ୍ୟରେ 'ବ୍ୟଞ୍ଜନା' ରୂପେ ପ୍ରକାଶିତ ଓ ବ୍ୟକ୍ତ ।

ସଂଘମିତ୍ରାଙ୍କ 'ଲୁଣ ଓ ଅନ୍ୟାନ୍ୟ କବିତା' ସଂକଳନରେ ସେଇ ଭାବ, ପ୍ରତୀକ ଓ ବ୍ୟଞ୍ଜନାର ଶବ୍ଦରୂପ ଅଭିବ୍ୟକ୍ତ । ଜୀବନର ଅନୁଭବର ଅର୍ଥ ଖୋଜି ବସିଲେ, ତା' ଭିତରୁ ସୁନ୍ଦର କବିତାଟିଏ ବାହାରେ । ସଂଘମିତ୍ରାଙ୍କ 'ଲୁଣ' ଇତିହାସ ବର୍ଣ୍ଣିତ ଗାନ୍ଧୀଙ୍କ ଲୁଣର ପ୍ରତୀକଟିଏ । ଏହାର ବ୍ୟାପ୍ତି ଅନୁଭବବେଦ୍ୟ ।

ସମାଜରେ ହୃଦୟରେ ପରିଭାଷା ବଦଳି ବସ୍ତୁଗତ ହୋଇଗଲା ବେଳେ ଜୀବନର ଅନେକ ମୁହୂର୍ତ୍ତକୁ ଭାବରେ ଓ ଶବ୍ଦରେ ଚିତ୍ରାୟିତ କରିବା ବେଳେ ଯେତେ ସବୁ ଭାବ ଓ ଭାବନା କଳ୍ପନା ଓ ସୃଜନ ସଂଘମିତ୍ରାଙ୍କ ଅତିନ୍ଦ୍ରୀୟ ଚେତନାରେ ଘଟି ଚାଲିଛି, ଏହି ସଂକଳନ ତା'ର ସାରାଂଶ । ସଂଘମିତ୍ରାଙ୍କ ଅନୁଭବ ଓ ଚେତନା ସୃଜନର ଅତଳକୁ ସ୍ପର୍ଶ କରୁ । ସେ ନିଜ ପ୍ରତି ବିଶ୍ୱାସଶୀଳ ଓ ରସ ସିକ୍ତ ହୁଅନ୍ତୁ ।

ଡ. ମହେନ୍ଦ୍ର କୁମାର ମିଶ୍ର

କବିତା ପାଇଁ କଥା କିଛି

ସଂଘମିତ୍ରାଙ୍କର ସପ୍ତମ କବିତା ସଙ୍କଳନ "ଲୁଣ ଓ ଅନ୍ୟାନ୍ୟ କବିତା" ତାଙ୍କର କବି ହୃଦୟର ଏକ ଆବେଗସିକ୍ତ ଦର୍ପଣ । ଓଡ଼ିଆ ସାହିତ୍ୟର ବହୁ ବିଭାଗକୁ ନିଜର ଲେଖନୀ ଚାଳନାରେ ସମୃଦ୍ଧ କରିଥିବା ସଂଘମିତ୍ରା ମୂଳତଃ ଜଣେ କବି । କେହି ଜଣେ କହିଥିଲେ କବିତାଟିଏ ଲେଖି ହେଇଗଲେ ପୃଥିବୀ ଆଉ ଟିକିଏ ସୁନ୍ଦର ଦିଶେ । କିନ୍ତୁ କେତେ ବିଭତ୍ସ ଷଡ଼ଯନ୍ତ୍ରରେ କ୍ରମଶଃ ଅସୁନ୍ଦର ହେଇ ଚାଲିଥିବା ଏ ପୃଥିବୀ ପାଇଁ କବିତା କଣ ସତରେ ହେଇ ପାରିବ ମହୌଷଧି ?

କବିତା "ଆଲୁଅ-ପର୍ବରେ ଏ ଆଶାରେ ସୁନେଲି ଆଶ୍ୱାସନାକୁ ଦେଖନ୍ତୁ ।

"ଯେତେ ବି ଗାଢ଼ ହେଉ ଅନ୍ଧାର
ଭେଦି ପାରିବନି ଆଲୁଅର ଛାତି
ଧାରେ କ୍ଷୀଣ ଆଲୁଅ ଧାରରେ
ମରିଯିବ ରାତି ।"

ଏ ସଂକଳନର ଅନେକ କବିତାରେ ସ୍ତ୍ରୀ ଲୋକର ବିଡ଼ମ୍ବିତ ଭାଗ୍ୟର ଚିତ୍ର । 'ଅହଲ୍ୟା' କବିତାର ଏ ଧାଡି ସବୁ ପାଠକର ମନ ତଳେ ସହସ୍ର ପ୍ରଶ୍ନ ଆଣିବାକୁ ସମର୍ଥ ।

"କେହି ଥରେ ପଢ଼ନ୍ତାନି ମୋ ଛାତି ତଳ
ସତରେ, କେବେବି ସରେନା ମୋ ସମୁଦ୍ରେଇବାର ବେଳ
ସତୀତ୍ୱର ପରାକାଷ୍ଠା ହିଁ ମୋ ବେଳର ଅବେକ ।"

ସଂଘମିତ୍ରାଙ୍କର କବିତା ସବୁ ସ୍ୱଚ୍ଛ ଓ ଢଳ ଢଳ। ତାଙ୍କର ଭାଷା କବିତାର ଭାବକୁ ବ୍ୟକ୍ତ କରିବା ପାଇଁ ଖୁବ୍ ସ୍ୱଚ୍ଛଳ। ତାଙ୍କ କବିତାରେ ପ୍ରେମ ହିଁ ବିଦ୍ରୋହ। ଶବ୍ଦକୁ ଅସ୍ତ୍ର କରି ସେ ପ୍ରାୟ ପ୍ରତି କବିତାରେ ପ୍ରତିଘାତ କରି ଚାଲିଛନ୍ତି ପ୍ରଚଳିତ ବ୍ୟବସ୍ଥା ଓ ପ୍ରଶ୍ନ କରୁଛନ୍ତି ପୁରୁଷ ତାନ୍ତ୍ରିକ ସମାଜରେ ନାରୀର ଅସହାୟତାକୁ। ଏସବୁ କବିତାରେ ସେ ନାରୀବାଦୀ ନୁହନ୍ତି, ନାରୀ ପକ୍ଷର ସମର୍ଥକ ମାତ୍ର। ଶବ୍ଦର ନାନ୍ଦନିକତା ସହ ସେ ଆଦୌ ସାଲିସ ନକରି ବି ଆହ୍ୱାନ ଦେଇଛନ୍ତି ଯୁଦ୍ଧର। ତାଙ୍କର ଅନ୍ୟ ସବୁ କବିତା ସଙ୍କଳନ ପରି ଏ ସଙ୍କଳନ ବି ପ୍ରଚୁର ପାଠକୀୟ ସ୍ୱୀକୃତି ଓ ଶ୍ରଦ୍ଧା ଲାଭ କରିବ, ଏହା ମୋର ବିଶ୍ୱାସ।

ଡ. ହରିଣ୍ମୟୀ ମିଶ୍ର

ସୂଚିପତ୍ର

'ହଁ'ର ପାଞ୍ଚଜନ୍ୟ	୧୫
ଘଟଣା-ଦୁର୍ଘଟଣା	୧୭
ସାବତ ମା'ର ଦୁର୍ଗ	୧୯
ସେଇ ଝିଅ	୨୧
ଦୀପ	୨୪
କେମିତି ନିଲାମ କଲ ଦୁଃଖର କଲମ ?	୨୬
ଲୁଣ	୨୯
ଅଞ୍ଜଳି	୩୧
ସାମ୍ରାଜ୍ୟ	୩୩
ନୂଆ ଆଖି ହଲେ	୩୪
ରକ୍ତରୂପ	୩୫
ମାଙ୍କଡ଼-ବୁଦ୍ଧିଠୁ କୁମ୍ଭୀର-ଛକ	୩୮
ଶୋଷ	୪୦
ହଲେ ପାଦ	୪୨
ରକ୍ତ ନଈ	୪୫
ଜଙ୍ଗଲ ଓ ମୁଁ	୪୮
ଆଇନାର ବାସ୍ନା	୫୧
ମା' ଆସୁଛନ୍ତି ?	୫୩
ଆଲୁଅ-ପର୍ବ	୫୬
କବିତା ନ ହୋଇପାରେ !	୫୮
ଜହ୍ନର କବିତା	୬୦
ଅହଲ୍ୟା	୬୭
ବର୍ଷା !	୬୯
ଗଡ଼ଣର ଦେବୀ	୭୧
ବୁଦ୍ଧଗତି	୭୩

ତାଜା ରକ୍ତରେ ଭିଜିଗଲେ ମାଟି	୭୬
ଖଣ୍ଡେ ନିଆଁ ଛିଟିକି ପଡ଼ିଲେ	୭୭
ଦୁନିଆଁର କୋଲାଜ୍	୭୯
ତୁମେ ବୋଧେ ଜାଣିନ ପ୍ରେମିକ	୮୧
ଦାରୁଣ ଉତ୍ସବ	୮୩
ମହାରାଜ ଦୁଷ୍ୟନ୍ତ ତ ନୁହଁ ?	୮୫
ବର୍ଷାର କୋଲାଜ୍	୮୭
ମଣିଷ-ପଦ୍ମ	୮୯
ସ୍ୱପ୍ନଠୁ ସତ କେତେ ଦୂର	୯୧
ଶାଢ଼ୀ	୯୩
ଝିଅ !	୯୬
ଧୃଷ୍ଟିପଡ଼େ ଆଖି-ଅଟକିଯାଏ ପାଦ	୯୮
ସମୟ ବସେନି ବୋଲି ତ !	୧୦୦
ଗଣତନ୍ତ୍ରର ନାନାବାୟା	୧୦୨
ତା' ହନିଟ୍ରାପରେ ସେ	୧୦୪
ଏଥର କେଉଁ ବାହନରେ ...	୧୦୮
ଧାଡ଼ିଏ ମନ୍ତ୍ରପାଠ ପରି ଭାଇ	୧୧୦
ଇସ୍	୧୧୧୨
ନିଶାର ନିଳୟରେ	୧୧୧୪
ପାଣିରେ ବି ରକ୍ତ ଥାଏ	୧୧୬
ଛାତି	୧୧୯
ମୁଁ କ'ଣ କେବେବି ମାଗିପାରିଲି ?	୧୨୧
'କୋଣାର୍କ'କୁ ତୁମେ ...	୧୨୪
ବଇରୀ ହିଁ ସର୍ବଶ୍ରେଷ୍ଠ ପ୍ରେମ !	୧୨୭
ଜୀବନର ବାଲି	୧୩୦
ସେ କିଏ ?	୧୩୨

'ହଁ'ର ପଞ୍ଚଜନ୍ୟ

ଦୁଃଖମାନେ ଫୁଲ ହୋଇ ଫୁଟିଗଲେ
ସୁଖ ସବୁ ଝରିଗଲେ ବାଲିଝର ହୋଇ
ଆଖିକୁ ଛେଦି ଦିଅନ୍ତି ଅସରନ୍ତି ରାସ୍ତା
ମୋତେ କୁହ
ଏତେ ବାଟ କେମିତି ଅତିକ୍ରମିବ ବାଟୋଇ ?

ଗଛ ନାହିଁ
ଛାଇ ନାହିଁ
ନଈ ନାହିଁ ନାଉରିଆ ନାହିଁ
ଅଭାବର ବଳୟରେ
ସାଙ୍ଗ-ସାଥୀ ଭାଇ-ବନ୍ଧୁ-କୁଟୁମ୍ବର
ଦେଖାଚହାଁ ନାହିଁ
ଖାଲି ନାହିଁ ଆଉ ନାହିଁର ପ୍ରତିଧ୍ୱନିରେ
ତୁମେ କ'ଣ ହଁର ପଞ୍ଚଜନ୍ୟ
ଫୁଙ୍କିପାରିବ ବାଟୋଇ ?

ଗାନ୍ଧାରୀ ପରି
ଆଖିରେ ପଟି ବାନ୍ଧି ଦୁନିଆଁର ରଙ୍ଗ ଭୁଲିଯିବା
ବଡ଼ ହିଁ ସହଜ
ସିଗାରେଟ୍‌ର ଧୂଆଁ ସହ ଧୂଆଁ ହୋଇଯିବା
ମଧୁଶାଳାର ପିଆଲାରେ
ନିଜକୁ ଢାଳିଢ଼ାଳି ଯନ୍ତ୍ରଣାର ମନ୍ତ୍ର ଉଚ୍ଚାରିବା

ଭାଗ୍ୟର ଦ୍ୱାହି ଦେଇ ବିଚରା ସାଜିବା
ଆଉ
ମାଟି-ଗୋଡ଼ି ମୁଣ୍ଡରେ ଦୋଷ ଲଦି
ନିଜକୁ ନିର୍ଦ୍ଦୋଷ ମଣିବାରେ
ଚଳୁଲେନି ଜୀବନ-ଜାହାଜ

ପୃଥିବୀରେ ମରୁଡ଼ି
ଆକାଶରେ ଶୁଖିଲା ଘଡ଼ଘଡ଼ି ଥାଉଥାଉ
ତୁମେ କି ଉଡ଼େଇପାରିବ ନିଃଶ୍ୱାସ-ପ୍ରଶ୍ୱାସର ଗୁଡ଼ି
ହାତରେ ଧରି ଲୁହର ନଟେଇ ?

ସମୁଦ୍ର ଅଛି
ଜୁଆର ବି ଅଛି
ତୁମେ କ'ଣ
ପଥର ହୋଇ ବାନ୍ଧିପାରିବ ପଥରର ବନ୍ଧ
ସ୍ୱପ୍ନର ଶବ ଅଛି
ନିଆଁର ପର୍ବ ବି ଅଛି
ତୁମେ କ'ଣ
ଦିନ ଦିନ ଅଗ୍ନିସ୍ନାନ କରି
ଉଡ଼େଇ ପାରିବ ସାହସର ଧ୍ୱଜ

ଯଦି ପାର,
ପାର୍ବଣର ବନବାସରେ
ଆଲୁଅର ଇତିହାସ ତୁମେ ହିଁ ରଚିବ
ଅନ୍ଧାରର ବର୍ଣ୍ଣାଳୀରେ ଜଡ଼ସଡ଼ ହୋଇ

ନିଷ୍ପତ୍ତି ତୁମର...
ତୁମ ସାମ୍ରାଜ୍ୟ ଗଢ଼ିବାର ଦାୟିତ୍ୱ ତୁମର
ମୋତେ କୁହ,
ତୁମେ କ'ଣ ପାରିବ ବାଟୋଇ ?

■

ଘଟଣା-ଦୁର୍ଘଟଣା

ମୃତ୍ୟୁର ଇସାରା
ଠଉରେଇ ପାରେନା ଜୀବନ ବୋଲି
ପ୍ରଶ୍ୱାସର ମୂଲ୍ୟ
ଲଗେଇ ପାରେନା ନିଃଶ୍ୱାସ ବୋଲି
ପତଙ୍ଗଟେ ଜାଣିଜାଣି ଝାସ ଦିଏ ଜଳନ୍ତା-ନିଆଁରେ

ଲୋଭ କୁହ କି ପ୍ରେମ
ଆଶା କୁହ କି ସମର୍ପଣ
ସାଙ୍ଘାତିକ ରୂପ ନିଏ ସୀମା ଟପିଗଲେ

କାହା ନଥିବାପଣର
ଆର୍ତ୍ତି-ଆହା-ଚିତ୍କାର
ଭୁଷୁଡ଼େଇଦିଏ କାନ୍ଥ
ଭାଙ୍ଗିଦିଏ ଛାତ
ପାଦତଳୁ ଖସେଇଦିଏ ମାଟି
ଯିଏ ଚାଲିଯାଏ
ସିଏ ସବୁଭୁଲି ଚାଲିଯାଏ ଅଫେରା ରାଇଜ
ବାକିଙ୍କୁ ଭେଟି ଦେଇଯାଏ
ଅସରନ୍ତି କାଳରାତ୍ରୀ

ନାଳ-ସୁଅରେ ଲିଭିଯାଏ
ପନ୍ଦର ବସନ୍ତର ଜ୍ୟୋତି
ମୁଣ୍ଡଳୀ ମହାନଦୀରେ

କରୁଣ ଖବର ପାଲଟିଯାଏ ଖବର
ତାଜା ମୃତ୍ୟୁର ତାଣ୍ଡବ ଲୀଳା
ଘୁରିବୁଲେ ସୋସିଆଲ ମିଡ଼ିଆରେ
ଦିନେ ନିଶ୍ଚୟ ଫିକା ପଡ଼ିଯିବ

ଆଖପାଖ ଲୋକେ ଭୁଲିଯିବେ
ଘଟଣାଟେ ପରି ଦୁର୍ଘଟଣା ଭାବି
କିନ୍ତୁ
ଆପଣାଲୋକର ଛାତିରେ ବିରାଟ ଘା'ଟେ ହୋଇ
ତାହା ଆଜୀବନ ମଲମ ଖୋଜିବ
କେବଳ ଏତିକି...
ସାହାସ ଦୁଃସାହାସ ନହେଉ
ଜୀବନ କେବେ ବି ନପାଲଟୁ ଟିଆରପି

ସମ୍ପୃକ୍ତ ବ୍ୟକ୍ତିଙ୍କୁ
ମୁଁ ଚିହ୍ନେ କି ନ ଚିହ୍ନେ
ଜାଣେ କି ନାଜାଣେ
କ'ଣ ଏସବୁର ମାନେ ?
ଅଦିନରେ ଝଡ଼ି ପଡୁଥିବା କଢ଼
ମଉଳି ଯାଉଥିବା ଫୁଲର
ଛାତିଫଟା କରୁଣ ଦୃଶ୍ୟ
କୋରି ଦେଇଯାଏ-ଶୂନ୍ କରିଦିଏ

ଆଉ ଗୋଟେ ଜ୍ୟୋତି
ଅନ୍ୟ ଏକ ଅରିନ୍ଦମ
ବିଲ୍‌କୁଲ ଲୋଡ଼ା ନାହିଁ, ବୁଝିଲେ ?

■

ସାବତ ମା'ର ଦୁର୍ଗ

ଗୋଟେ ପଟେ ସାରା ଦୁନିଆଁ
ଆର ପଟେ କେବଳ ମା'
ତା' ସ୍ନେହବୋଳା ଦି' ପଦର ଅମୃତ
ପଣତକାନିର ଛାଇ
ଚନ୍ଦନର ସ୍ପର୍ଶ

ହେଲେ,
ମା' ଯେବେ ଘା' ହୁଏ
ଛାତିରେ ଦା' ହୁଏ
ଓଲଟିଯାଏ ପୃଥିବୀର ପରିଭାଷା
ଶବ୍ଦସବୁ ପଥର ସାଜନ୍ତି
ପାଣି ହୁଏ ଲୋକହସା
ନା କହିହୁଏ ନା ସହିହୁଏ
କିଛି ଏମିତିକା ଦ୍ୱନ୍ଦ୍ୱ
ଜାଲରେ ମାଛ ପରି
ଛଟପଟ ଜୀବନ
ଟଳମଳ ପାଦ
ଆଉ
ପ୍ରତିଟି ମୁହୂର୍ତ୍ତ ଅଗଣିତ ଅସମାହିତ ପ୍ରଶ୍ନ

ନହେଲେ,

ମୁହଁଖୋଲି କ'ଣ କହିବା ସହଜ
ନିଜ ଅଦେଖା ବଖରାର ସୂକ୍ଷ୍ମ ଯନ୍ତ୍ରଣା
ଆହୁରି ବି ଅସହଜ ବଖାଣିବା
ସାବତ ମା'ର ବଳୟ,
କେମିତି କାଟିଦିଏ ସ୍ନେହଭିକ୍ଷୁ ନଟେଇରୁ
ଅଭିଳାଷାର ଗୁଡ଼ି
ପର-ଆପଣାର ନିକିତିଟେ ଗଢ଼ି
କ୍ଷଣ-କ୍ଷଣ କିପରି ପୋଡ଼ିଦିଏ ଅଧିକାରର ଫୁଲବଣ

ମୁଁ ବୁଝେ,
ସ୍ୱଭାବ, ଅଭାବ ପାଲଟିଯିବାର ଦୁଃଖ
ମାଟି କାଟି ଦେଲାବେଳେ
ଆକାଶ ଛାଟି ଦେଲାବେଳେ
ସମ୍ପର୍କ ବାଟି ଦେଲାବେଳେ
ପ୍ରଯୁଜ୍ୟ ଭିକାରୀ ଥାଳରେ ନଥିବା ଭିକ

ମୁଁ ଅନୁଭବିପାରେ
ମା'ର ନଥିବାପଣରେ
ସନ୍ତାନର ତରଳୁଥିବା ଆଖି
ଭାଙ୍ଗୁଥିବା ଦେହ
ବତୁରୁଥିବା ସମୟର ଜହ୍ନ

ମା'ତ ଖାଲି ମା'
ଯାବତୀୟ ଲୋଭ-ମୋହ-ସ୍ୱାର୍ଥ
ଅଭିମାନ-ଅହଂକାରର ପରେ
ମା' ତ ଖାଲି ମା'
ତାହେଲେ କାହିଁକି
ମା' ଡାକରେ ଉଚ୍ଛୁଳିପଡ଼େନି ମମତାର ନଦୀ
ଭୁଷୁଡ଼ି ପଡ଼େନି ସାବତ ମା'ର ଦୁର୍ଗ ?

ସେଇ ଝିଅ

ସେଇ ଝିଅ
ଯିଏ ପ୍ରେମରେ ଶେଯ ହେଲା
ସିନ୍ଦୂରର ଧ୍ୱଜ ହେଲା
ଅଶାବରୀ ହୋଇ
କେବେ ଜାହାଜ କେବେ ଉଡ଼ାଜାହାଜଟେ ହେଲା
ଏବେ ଛାତିଏ ଦରଜ
ଆଖିଏ ମୁରୁଜ ଧରି ରାଜରାସ୍ତାରେ
ନ୍ୟାୟ ଅପେକ୍ଷାରେ
ଦି'ପଟ ଶଙ୍ଖା ଟୋପେ ସିନ୍ଦୁରର ପ୍ରତିଶ୍ରୁତିରେ
ସବୁକିଛି ଲୁଟିନେଲା ପରେ
ପ୍ରେମିକଟେ କାହିଁକି
ପ୍ରେମିକାକୁ ଏତେ କଲବଲ କରେ ?

କ'ଣ ହୁଏ
ଭରସା ଭସାବାଦଲ ସାଜିଲେ
ଆଶା ଠସା ହୋଇଗଲେ
ସମ୍ପର୍କ ଝାସା ହୋଇଗଲେ

ଶୀତ-କାକର-କୁହୁଡ଼ି-ଝଡ଼ତୋଫାନ
ବନ୍ୟାବାତ୍ୟା-ଲୁ

ସତୁତିକ ଗୋଟିଏ ଘାଟରେ
ଆଉ
ଘାଟ ବରଫ ପରି ଦହିହୁଏ ଅଜଣା ଆଶଙ୍କାରେ

ମୁଁ ଦେଖିଛି
ସତପଦେ କହିବାକୁ
ପଳାତକ ନାୟକର ପାଟି
କେମିତି ଥଙ୍ଗ ଥଙ୍ଗ କରେ - କାହା ପ୍ରଭାବରେ ?
କେତେ କେତେ ଭାଇରାଲ ଅଡ଼ିଓ କ୍ଲିପ୍
କେମିତି ଘୁରିବୁଲେ ସୋସିଆଲ ସାଇଟ୍‌ରେ

ପରସ୍ପରକୁ କାଦୁଅ ଫିଙ୍ଗାଫିଙ୍ଗିର ଲୁଚକାଳି ଖେଳ
ବଡ଼ ସାଧାରଣ କଥା ଆଜିକାଲି
ଝାଡ଼ିଝୁଡ଼ି ହୋଇ ଆକାଶ ସଫା ଚୀରକାଳ
ଜହ୍ନ ଲାଗି ଆଜୀବନ କଳଙ୍କର ଦୋଳି
ଏତକ କିଏ କେବେ ଯେ ବୁଝିବେ ?

ସମ୍ପର୍କ ନ ପାଲଟୁ ବିଜ୍‌ନେସ୍ ଡିଲ୍
ବାହାଘର ନ ହେଉ ଖେଳଘର
ସମୁଦ୍ରକୂଳରେ ପ୍ରେମର ବାଲିଘର ତୋଳି
ସୃଷ୍ଟିର ସୌନ୍ଦର୍ଯ୍ୟ-ବନରେ
କିଏ ସେ କାହିଁକି
ଡାକରା ଦେଇଛି ଯୁଦ୍ଧ ଏବେ ଏବେ ?

ହଜାରେ ପ୍ରଶ୍ନ ଅଟକିଛି ଗୋଟିଏ ବିନ୍ଦୁରେ
ସମାଧାନ କ'ଣ ?
ଝିଅର ମାନ-ମହତ-ଇଜ୍ଜତ-ଭବିଷ୍ୟତ
ସୁରକ୍ଷାର ଉତ୍ତର କ'ଣ ?
ନ୍ୟାୟର ଦମ୍ କେତେ ?

କ'ଣ ସତରେ ସମସ୍ତେ ବରାବର
ନ୍ୟାୟାଳୟର ନିକିତିରେ ?

ହାୟରେ !
ଝିଅଟେ କାହିଁକି ଶେଯ ହୋଇଯାଏ
ଝୁଲନ୍ତା ପ୍ରେମର ଦାୟରେ ?

ଦୀପ

ହଜିଯାଇଥିବା ନଈକୁ
ଲିଭିଯାଇଥିବା ଦୀପ
ପାଖେ ସ୍ମୃତିର ହାହାକାର
ଆରପାଖେ ଅନ୍ଧାର ବହପ
ମୋତେ କୁହ,
ମନର ବେଳାଭୂମିରେ
ସେଇ ପାଦ ଖୋଜିଯିବି
ନା
ଆଲୁଅର ରାଗ ଆଳାପିବି
ଡାମରା କାଉ ଲାଗି
ମୁଠି ମୁଠି ଚାଉଳ ଥୋଇବି
ନା
ହଳଦୀ ବସନ୍ତର ଅପେକ୍ଷା କରିବି

ଶୁଣ !
ମୋତେ କାଟି-ବାଟି-ମାଟିରେ ମିଶେଇ
କେହି ଜଣେ ମୋ ପରି
କିଆଫୁଲ ଗୋହିରିରୁ କରୁଛି ବିଳାପ
କେଜାଣି କେଉଁ ପୁଣ୍ୟର ମୋହରେ
ହୋଇଯାଏ କେତେ କେତେ ପାପ

ପାପ-ପୁଣ୍ୟର ସଂଜ୍ଞା
ବିରାଟ ଏକ ଭ୍ରମ
ଯା'ର ଭଉଁରିରେ ବୁଡୁଛି ଉଠୁଛି ମଣିଷ
ଯେ ପର୍ଯ୍ୟନ୍ତ ଜୀବନ
ସେ ପର୍ଯ୍ୟନ୍ତ ଆଶାର ଉଆସ
ନହେଲେ କି ଭଲ କି ମନ୍ଦ - ସବୁ ଏକାକାର
ଥରେ ଉଡ଼ିଗଲେ ଶ୍ୱାସ

ଏତକ ବୁଝିବାର ବୟସ
ଶୀଘ୍ର ଛୁଏଁନି ବୋଲି
ଫିଙ୍ଗି ହୋଇଯାଏ
ନଷ୍ଟ ଭ୍ରଷ୍ଟ ବର୍ବାଦ ହୋଇଯାଏ
ଗୋଟେ କଅଁଳ ହୃଦୟ
ମନରୁ ମନକୁ ରାସ୍ତାରେ ଗଡ଼ିଉଠେ ଖାଇ
ଝଡ଼ରେ ଝଡ଼ିପଡ଼େ କାଞ୍ଚନ ଫୁଲ
ଭାଜୁ ଭାଜୁ ହାଣ୍ଡିରେ ପୋଡ଼ିଯାଏ ଖଇ

ହୁତୁହୁତୁ ପୃଥିବୀକୁ
କାଟୁ କରେନା ମହା ମୃତ୍ୟୁଞ୍ଜୟ ମନ୍ତ୍ର
ପୃଥିବୀର ମାନେ
ଅଗଣିତ ଅଧା ଅଙ୍କା ଚିତ୍ର
ଏଇ ଦେଖ !
ତାରାଟେ ଭାଙ୍ଗିଗଲେ
ଜହ୍ନ ପରଦେଶୀ ହେଲେ
ଉଜୁଡ଼ି ଯାଏନି ଆକାଶ
ଭୁଲିଯିବା ମନା
ଉଆଁସୀ ରାତିକୁ କେମିତି କରିହୁଏ ଦୀପ !!

■

କେମିତି ନିଲାମ କଲ ଦୁଃଖର କଲମ ?

ଦୁଃଖମାନେ ଶସ୍ତା ବଜାରରେ
ବିକ୍ରି ହୋଇଗଲେ
ସୁଖ ଛଟପଟ ହେଲେ
ଅନ୍ଧଗଳିର ଅନ୍ଧାରି କୂଅରେ
ଯେଉଁମାନେ ବାରବାର ପଶୁଛନ୍ତି
ସେମାନଙ୍କୁ କେମିତି ବୁଝେଇ ହେବ
"କ'ଣ ମିଳେ କବିତା ଲେଖିଲେ"

ପୁରସ୍କାର-ମାନପତ୍ର-ଉପଢ଼ୌକନ
ମାୟା-ମୃଗ ଏବେ ଦୁର୍ଗମ ଜଙ୍ଗଲରେ
ମାରିଚର ଭାଗ୍ୟ ଲେଖିବାକୁ
ନା ସୀତାଙ୍କ ଅଝଟ
ନା ରାମଙ୍କ ଦାୟିତ୍ୱ
ଲକ୍ଷ୍ମଣର ତିନିଗାର
ରାବଣର ଥାଳ
ବାରବର୍ଷ ବନବାସ
ସୂର୍ପଣଖା ହଟ୍ଟଗୋଳ
ସବୁକିଛି ଓଲଟପାଲଟ ଋତୁଚକ୍ର ପରି
ଏଇନା ଖରା ଏଇନା ବର୍ଷା
ଯୁଗେ ଯୁଗେ ଦିଏ ଅଯୋଧ୍ୟା ଉଜାଡ଼ି

ତେଲ ମାଖିବା-ତୀର ଯୋଖିବା ଊର୍ଦ୍ଧ୍ୱରେ
ବେଶ୍ ଭଲ କୁରେଇ ଫୁଲର ପ୍ରେମରେ ପଡ଼ିଲେ

କେତେ କେତେ ଘୋଡ଼ା
ଅବାନ୍ତର ଘୋଡ଼ା-ଦଉଡ଼ରେ ମୁହଁ ମାଡ଼ି ପଡ଼ିଗଲେ
କିଛି ଅଣ୍ଟା ସଳଖି ଉଠିଲେ
ବାକି ଓହରିଗଲେ ଆଉଥରେ ପଡ଼ିବା ଭୟରେ

କେତେକ ତ ହଳଦୀବସନ୍ତ
ବସନ୍ତରେ ମୁହଁ ଦେଖେଇଲେ
ହଳଦିଆ ରଙ୍ଗ ବିଞ୍ଚିଗଲେ
କେତେକ ଟୁବୁକାଏ ପାଣିରେ
କାଗଜ ଡଙ୍ଗାର ଭ୍ରମ ଭସେଇଲେ
କୋଟିକରେ ଗୋଟିଏ କିନ୍ତୁ ବାରମାସୀ ପକ୍ଷୀ
ପାଇବାର ଆଶା - ହାତେଇବା ନିଶାଠୁ ଦୂରରେ
ନିଡ଼ ନୀଡ଼ରେ ବସି କଥା-ବ୍ୟଥାର ଗଜରା ଗୁନ୍ଥିଲେ,
ବାବାରେ !
ବଡ଼ କଷ୍ଟ ଉଧୁରିବା ଏ ଲାଇକ-କମେଣ୍ଟ-ସେୟାର ଯୁଗରେ
ମୋତେ କୁହ
କିଏ କାହିଁକି ପଢ଼ିବ ମୋତେ
ମୋ'ଠି ନିଜକୁ ଖୋଜି ନ ପାଇଲେ
କିଏ କାହିଁକି ଆଉଁସି ଦେବ
ମୋ ସାଉଁଟା ଶାମୁକା
ତା'ଠି ମୁକ୍ତାର ଚମକ ନ ଥିଲେ,

କିନ୍ତୁ କିନ୍ତୁ କିନ୍ତୁ
ଜାଣିବା ଲାଗି ମନ ପଢ଼ିବା ଜରୁରୀ
ଟୋପେ କାକରର ମୋହରେ ପଡ଼ିବା ଲାଗି
ଯାହା କୁହେନା ଆଇନା, ତାହା ଶୁଣିବା ଜରୁରୀ

ଜୋଛନାର କିଛି ଢୋକ ପିଇ
ଆଖିରେ ଆଖିଏ ସ୍ୱପ୍ନ ନେଇ
ଚାଲ ! ଦୀପଟେ ଜାଳିବାର ନାରା ଲଗେଇ
ସମୁଦ୍ରେ ଶୋଷରେ ଘାରି ହେବା କଥା ସମୁଦ୍ରରେ
କାରଣ, ଜହ୍ନରେ ବି ଉଠେ ଝଡ଼ ପ୍ରତି ମୁହୂର୍ତ୍ତରେ

ହାଏରେ !
କିଛି ବି ମିଳେନା କାହାକୁ କେବେ ସହଜରେ
ଅପହଞ୍ଚ ମହଙ୍ଗା ଜିନିଷ
ଥରେ ବାଟ ହୁଡ଼ିଗଲେ ଶସ୍ତା ବଜାରରେ ! !

■

ଲୁଣ

ଟୋପାଏ ଲୁହର ଗୋଟେ ବିରାଟ ଦୁନିଆଁ ଥାଏ
ଯାହାର ପ୍ରତିଟି ଗଳି କନ୍ଦିରେ
କେବେ ହଠାତ୍ ଜଳିପାରେ
ନହେଲେ ଲିଭି ଯାଇପାରେ ଅସଂଖ୍ୟ ଦୀପ
ଶୁଣିବାକୁ ପଡ଼ିପାରେ ରାଜାରାଣୀ
କି ବୁଢ଼ୀ ଅସୁରୁଣୀ ଗପ
ମୁଁ ଏବେ ଠିକ୍ ସେଇଠି ହିଁ ଅଛି, ଜାଣିଛ ?

ତୁମ ଜାଣିବା - ନ ଜାଣିବାରେ
କିଛି ଯା-ଆସ ନାହିଁ
କେହି କେମିତି କେଉଁଠି ବି ଝୁଣ୍ଟିପଡ଼େ
ଯଦିଓ ଆଖି ସାମ୍ନାରେ କେଉଁ ଫାଶ ନାହିଁ
ସମୟ ବଦଳି ଯାଉଛି ଅସମୟରେ
ଆଉ
ଝାପ୍ସା ଝାପ୍ସା ଅସମୟତକ ଅସ୍ଥିର ବଳକା ସମୟ
ଏ ଏକ ଅଜବ ସମାଜ

ସମ୍ପର୍କ ମାନଙ୍କୁ ଗଣ୍ଠିଧନ କରି ଚାଲୁଥିବା
ମଣିଷ ତଣ୍ଟିରେ କଣ୍ଟା ପରି ଅଟକିଛି କିଏ
କୋଠା ଘରର ସ୍ୱପ୍ନ ସାକାର ହେଲାପରେ

ଝାଟିମାଟିକୁ ପଚାରୁଛି କିଏ
ରକ୍ତ ପାଣି ଫାଟିଗଲେ କ'ଣ ହୁଏ ରକ୍ତର ସଂଜ୍ଞା
ହଜିଯାଇଥିବା କ୍ଷଣ - ହାତରେ ଧରା ଦେଇନଥିବା ଦିନ
କ'ଣ ସତରେ ନଥାଏ ?
ରଙ୍ଗୀନ ଅତ୍ୟାଧୁନିକ ପୋଷାକ ପରି
ଏ ଦେହରେ ଗୁଡ଼େଇ ହୋଇଛି ଅସମାହିତ ପ୍ରଶ୍ନ

ନଥିବା ଉତ୍ତରର ଦଂଶନରେ
ଝଡ଼ିପଡୁଛି କାଞ୍ଚନ ଫୁଲ
ମରିଯାଉଛି ଆଶାର ଅଚିହ୍ନା ଭଅଁର
କାଟି ଦି'ଗଡ଼ ହେଉଛି କଳ୍ପିତ ସହର
ଆଉ

ସହରର ଶେଷ ମୁଣ୍ଡ ଚା' ଦୋକାନରୁ
ସରିଯାଉଛି ଚିନି
ଏବେ ଲୁଣ ଖାଲି ଲୁଣ
ଲୁଣର ଛାତି ଫଟା କାହାଣୀ
ଇତିହାସ ବହିରେ... ପଢ଼ିଛ ?
ଛାଡ଼ !
ଲୁଣକୁ ଦାଣ୍ଡିଯାତ୍ରା କଥା
ପଚାରିବା କାଳେ କାଳେ ମନା
ମନେରଖ !

■

ଅଞ୍ଜଳି

ସେଇ କବିତାଟି ଲେଖିହୁଏନି ବୋଲି ତ
ଅହରହ ଚାଲୁଥାଏ କଲମ
ସରୁଥାଏ ଡାଇରି
ସତରେ କ'ଣ ପୋତିହୁଏ ଦୁଃଖର ମଞ୍ଜି
ଭସେଇ ହୁଏ ଲୁହର ବୋଇତ
ଆଙ୍କିହୁଏ ପବନ-ପଞ୍ଜାରେ ବନ୍ଧା
ବାଦଲର ଚିତ୍ରପଟ
ସବୁଥର ସମସ୍ତେ ସବୁଠି ହାରିବାକୁ ବାଧ
ଯଦି କୁହାଯାଏ ରଚିବାକୁ
ଛାତିକୁ ଦଳି-ମକଚି ବିଦ୍ଧ କରୁଥିବା
ଲାଲ୍ ରଙ୍ଗର ଶାଇରି

କବିତା ନାଁ ରେ
ନିତି ଗାରେଇ ହୁଏ
କେତେ କେତେ ଅଙ୍କାବଙ୍କା ନଈ
ଜାଣ ! ନଈ କେବେ ସତ କୁହେ ନାହିଁ
କେବେ ପତର କେବେ ପଥର ପାଲଟୁଥିବା ମୁଁ
ରାତିରେ ଦିନ-ଦିନରେ ରାତିରେ ହୁଁ
ଯଦିଓ ପାଣିର ଆଦି ଅନ୍ତ
କାହାକୁ ଜଣା ନାହିଁ

ନହେଲେ... ଋଷ୍-ୟୁକ୍ରେନ୍ ଛାତିଫଟା ଯୁଦ୍ଧରେ
ମୁଣ୍ଡାଏ ବରଫ ପରି
ମୁଁ କ'ଣ ବିକି ପାରିଥା'ନ୍ତି
ଶବ୍ଦ ସବୁକୁ ନୀରବତାର ଦରରେ
ମୁହୂର୍ତ୍ତର ଯନ୍ତ୍ରଣାମାନଙ୍କୁ
ପିଇଯାଇଥା'ନ୍ତି ଢକଢ଼କ କରି
ଏଇ ଦେଖ !
ଯାହା ଯାହା ଯେଉଁଠି ରହିଁଛି କହିବାକୁ
ଥରୁଟେ ବି ମୁହଁ ଖୋଲି କହିପାରି ନାହିଁ

ମୋତେ କହିଲ !
କିଏ ସେ ଲେଖିପାରିଛି
ଟୋପାଏ ଚୁମ୍ବନ - ଅସହ୍ୟ ଅଞ୍ଜନ
ପହିଲି ପ୍ରେମ - ରକ୍ତିମ କଙ୍କଣ
ମା' ଓ ମମତାର ଲୋରି
ଭାରି କଷ୍ଟ
ଶବ୍ଦିଳ ଦୁନିଆଁରେ ଧରିବା ନିଶବ୍ଦର ଡୋରି

ତଥାପି ଚାଲିବାର ଅଛି
ଅଦେଖା ଶେଷ ବିନ୍ଦୁକୁ ଥରେ ଛୁଇଁବାର ଅଛି
ଅପ୍ରାପ୍ତିକୁ ଅଣ୍ଟିରେ ନ ଗୋଟେଇ
ପ୍ରାପ୍ତିର ପିଆଲା ଅବା କିଏ ସେ ଧରିଛି
ମୁଁ ତ କହିବି,
ସଭିଙ୍କ ପଲକରେ ସଦାବେଳେ ଥାଉ
କଢ଼ଟେ ଫୁଲ ହୋଇ ଫୁଟିବାର ଅଭୀପ୍ସା-ଅଞ୍ଜଳି ॥

■

ସାମ୍ରାଜ୍ୟ

ଚେନାଏ ଜାଗାରେ
ଡେଣା ପ୍ରସାରିଛି ପକ୍ଷୀ
ମାଟିର ମଟାଳକୁ ଭୁଲି
ସାରା ଆକାଶକୁ ନିଜ ସାମ୍ରାଜ୍ୟ ଭାବିଛି

ଆଶ୍ଚର୍ଯ୍ୟ !
ଭାବିବାରେ ଟିକସ ଲାଗେନା
ଅନୁଭବିବାର କିଛି ସୀମା ନାହିଁ
ସବୁତିକ ନୀଳ ନିଜ ଦେହରେ ବୋଲି ହୋଇ
କେହି କ'ଣ ସତରେ
ନୀଳିମା ହୋଇଛି ?

■

ନୂଆ ଆଖି ହଲେ

ଫେରି ଆସିଲେ ହଜି ଯାଇଥିବା ଆଖି
ଆଖିରେ ଥିବା ଚିତ୍ରର ଚଉତରା
ମୁଁ ହଜିଯାଏ
ମୁଁ ଖୋଜୁଥିବା ଦୁନିଆଁରେ
ମୋର ବୋଲି ଏବେ କେହି ବି ନଥାଏ

ଘର ଦୁଆର କାନ୍ଥବାଡ଼
ଫୁଲ ବଗିଚା ଭଅଁରର ଇଚ୍ଛା
ପ୍ରେମର ଗାଲିଚା
ଜଳିପୋଡ଼ି ପାଉଁଶ ହୋଇସାରିଥାଏ
ଦାରୁଣ ସମୟ - ନିଆଁରେ
ଅତଡ଼ାଏ ପଟୁ ମାଟି ବିନା
ମିଳେ ବା କ'ଣ
ନଈବଢ଼ିରେ ସବୁ ଧୋଇ ଚାଲିଗଲେ ?

ମନେନାହିଁ,
କେଜାଣି କେତେଥର
କେତେ କେତେ ଧୂସର ପୃଥିବୀ-
ଧୂଆଁମୟ ଆକାଶରେ
ଆଖିକୁ ବିଛେଇ ଦେଇ
ଜଣେ ପିନ୍ଧିବାକୁ ବାଧ୍ୟ ହୁଏ
ନୂଆ ଆଖି ହଲେ ! !

■

ରକ୍ତଗ୍ରୁପ

ତୁମ ଈର୍ଷାର ଯଜ୍ଞରେ
ମୋତେ ଆହୁତିଟେ ହେବାର ହିଁ ଥିଲା
ଅସହିଷ୍ଣୁତାର ଝଡ଼ରେ
ଚିରି-ଫାଟି ଉଡ଼ିବାର ଥିଲା
ଅସୂୟାର କାନ୍ଥ-ବାଡ଼ରେ ବାଡ଼େଇ ହୋଇ
ରକ୍ତାକ୍ତ ହେବାର ଥିଲା

କିନ୍ତୁ ନା...
ଏମିତି କିଛି ବି ହେଲାନି
ମୁଁ ମୁଁ ହୋଇ ରହିଲି
ଆଉ ଟିକେ ଶକ୍ତ-ଆରକ୍ତ
ଓଜସ୍ୱୀ-ଉଜ୍ଜ୍ୱଳ ଦିଶିଲି
ଯଦି ଜାଣିଛ, କହିଲ ?
ଯୁଗ ପରେ ଯୁଗ
ମନ୍ଥରାର ମନ୍ତ୍ରଣା କୈକେୟୀଙ୍କ ପ୍ରତିଜ୍ଞା
ମର୍ଯ୍ୟାଦା ପୁରୁଷୋତ୍ତମଙ୍କ ମର୍ଯ୍ୟାଦା କେତେ କ୍ଷୁଣ୍ଣ କଲା ?

ମୁଁ ଜାଣିନି
ହଜାରେ ଥର - ଲକ୍ଷେ ଥର
ଦଳା-ମକଚା-ଚକ୍ଟା ପରେ ବି

କେମିତି ମାଡ଼ିଯାଏ ଘାସ
ବିନା ପାଣି-ସାର-ଯତ୍ନରେ
ସେ କାହିଁକି ଏଡ଼େ ସବୁଜ-ସବୁଜ
ତୁମ ଘର-ଅଗଣା ତ
କାହିଁ କେତେ ଦିନୁ ବେଶ୍ ନିବୁଜ
ତୁମ ବଖରା ବଖରା ଅହଙ୍କାରର ବୋଝ
ତଥାପି, ସବୁ ସୀମା-ସରହଦ ଡେଇଁ
ମୁଁ ତୁମ ବାଡ଼ିଆରକୁ ଆସିଲି କେମିତି
ମୋତେ ଏଠାକୁ କିଏ ସେ ଆଣିଲା ?

ଜାଣିଛି ଶୁଣିଛି ଅନୁଭବିଛି
ଲୁହ ହେଉ ହସ ହେଉ କି ହୁଁ କାର
ଯାହା ପାଖରେ ଯାହା ଥାଏ
ସେ ଅନ୍ୟକୁ ତାହା ହିଁ ପରଶି ପାରିବ
ଏତକ ପରଖିଲା ପରେ
ମୁହୂର୍ତ୍ତର ଧକ୍କାରେ ମୋ ଟୁକୁରା ଟୁକୁରା ହେବାର ପ୍ରଶ୍ନ ବା
କୋଉଠୁ ଉଠିଲା ?

ଥାଉ !
ତୁମେ ସୂର୍ଯ୍ୟଟେ ହୁଅ
ମୁଁ ଜହ୍ନ ହୋଇ ଥାଏଁ
ତୁମ ପାଖରେ ବୀର୍ଯ୍ୟ ଥାଉ
ମୁଁ ଶୀତଳ ମନଟେ ହୁଏ
ତୁମେ ବାରବାର ଠିକଣା ସାଉଁଟୁଥିବା
ସିଧା ରାସ୍ତାଟେ ହୁଅ
ଆଉ ମୁଁ
ରାସ୍ତା କଡ଼ର ଝଙ୍କା ବରଗଛ ହୁଏଁ

ଚାଲି ଚାଲି ଥକି ଗଲାପରେ
କହି କହି ଶଙ୍କି ଗଲାପରେ
ଜଳି ଜଳି ଲିଭି ଗଲାପରେ
କେଉଁ ନା କେଉଁ ମୋଡ଼ରେ
ତୁମେ ମୋ ଶୀତଳତାକୁ ନିଶ୍ଚୟ ଭେଟିବ
ଏ କଥା କାନିରେ ଗଣ୍ଠି ପଡ଼ି ଏଇଠି ରହିଲା।

ଏବେ କୁହ,
ସମୁଦ୍ରରେ ମିଶିଥିବା ନଈ
ଆକାଶୀ ହୋଇ
କ'ଣ ପୃଥିବୀକୁ ଫେରିବା ନ ଥିଲା ?
ମୁଁ ତ କହିବି...
ଈର୍ଷ୍ୟାକର ଆହାର ରକ୍ତଚାପର ମିତ୍ର ବୋଲି
ତମକୁ ବିଲକୁଲ୍ ଭୁଲିବାର ହିଁ ନଥିଲା ॥

■

ମାଙ୍କଡ଼-ବୁଦ୍ଧିଠୁ କୁମ୍ଭୀର-ଛକ

ଯେବେ ତୁମେ ଜହ୍ନ ଆଣିଥିଲ
ସେବେ ମୋ ଘରେ ତାଲା
ମୁଁ ତାରାଙ୍କ ତାରକସିରେ
ତୁମକୁ ଖୋଜିଲାବେଳକୁ
ତୁମେ ଧାରେ ବର୍ଷାର ପିଆଲା

ଲୁଚକାଳି ଖେଳର ଛଳରେ
ଚକା ଚକା ଭଉଁରି ବେଳରେ
ମୋ ଅଗଣାରେ କାହିଁକି ଥୋଇ ଦେଇଗଲ
ଫୁଲ-ଫଗୁଣର ଡାଲା

ମୋତେ ଫୁଲ ପସନ୍ଦ
ରଙ୍ଗ ପସନ୍ଦ
ବାସ୍ନା ପସନ୍ଦ
ଜହ୍ନ ପସନ୍ଦ
ମନ ପସନ୍ଦ
ତୃଷ୍ଣା ପସନ୍ଦ
ହେଲେ ରଖିବା ମନା

ନା ବୋଲି ତ
ମୋ ଆଖିରେ, 'ହଁ'ର କଜ୍ଜ୍ୱଳ

ଓଠରେ ଲାଜର ଆସର
ରହସ୍ୟ-ଭଉଁରୀ ଗାଲରେ
ଯେଉଁଠି ପ୍ରତିଟି ଗୋପନ - କଥା
କବିତା ହୋଇ ମରେ

ଏଇ ମରିବା-ମାରିବା କ୍ଷଣରେ
ହଜିବା-ଖୋଜିବା ବଣରେ
ଘଡ଼ିଏ ଲାଗି ବି
ତମ ନାଁ ସହ ମୋ ନାଁ
ଗୋଟିଏ କାନ୍ଥରେ କିଏ ସେ ଲେଖିଲା

ନଈକୂଳଠୁ ଜାମୁକୋଳି ଡାଳ
ମାଙ୍କଡ଼ର ବୁଦ୍ଧିଠୁ କୁମ୍ଭୀର-ଛଳର ଦୂରତାରେ
ପ୍ରେମକୁ ଆଇନା କରି କିଏ ଟାଙ୍ଗିଦେଲା ?

■

ଶୋଷ

ଏଥର ମେ ମାସ
ଗୋଟେ ଅବସୋସ
ସୁଖର ଚିନି ଯେତେ
ମିଳାଏ ଦୁଃଖ ସର୍ବତରେ
କେହି ଜାଣ ଯଦି କୁହ
ଆଉ କେତେ ବାକି ଖରାର ଶୋଷ

ଶୋଷ ସମୁଦ୍ରଟେ ବୋଲି ସଭିଏଁ କୁହନ୍ତି
ଦୂର ପର୍ବତ ପରି
ସୁନ୍ଦରତାରେ ଆଦ୍ର ବୋଲି ସଭିଏଁ କହନ୍ତି
ରାତିକୁ ସ୍ୱପ୍ନ କରି
ଦିନରେ ଇନ୍ଦ୍ରପ୍ରସ୍ଥ ଗଢୁଥିବା ହାତ
ଜାଣ !
ମସ୍ତିଷ୍କ ଓ ହୃଦୟର ସଦାବେଳେ
ଅଲଗା ଅଲଗା ଗିଲାସ

ଗିଲାସ,
ତୁଚ୍ଛା ମାପକଟେ କାହା ଲାଗି
କାହାଲାଗି ଆତ୍ମସନ୍ତୁଷ୍ଟିର ନିଶା
ଛଳ-କପଟ-ଗର୍ବ-ଅହଙ୍କାରର ମହଲ
ବେଶ୍ ଝଲମଲ

ସମ୍ପର୍କର ଝାଟିମାଟି ଘରେ
ମୋର ନିତି ଉଠାବସା
ପ୍ରତିକୂଳ ପବନ ଦାଉରେ
ପ୍ରେମ ପାଲଟିଲେ ଲୁ
ଧନ୍ଦିହୁଏ ମାଟି
ଚିରିଯାଏ ସୁଦୀର୍ଘ-ସୁନୀଳ ଆକାଶ

ଆକାଶକୁ ଚିଠି ଲେଖି ପଠେଇ ହୁଏନା
ବିନା ମାଟିରେ
ନିଃଶ୍ୱାସର ଫୁଲ ଫୁଟେଇ ହୁଏନା
ବ୍ୟର୍ଥ ପ୍ରୟାସକୁ ଥୋପ କରି
ଯିଏ ଯେତେଥର ଯୋଖିଛି ବନିଶୀ
ସେତେଥର ଧରାଦେବାର ଭ୍ରମ ଦେଇ
ଖସିଯାଇଛି ଇପ୍ସିତ - ମାଛ
ମାଛ,
ପାଣିରେ ରାଜା
ଆକ୍ୱାରିୟମରେ ବନ୍ଦୀ
ମୁକ୍ତିର ବାଟ ଖୋଜୁ ଖୋଜୁ
ମିଛ ମାୟା ଜାଲରେ ପାଦ ଛନ୍ଦାଛନ୍ଦି
ମୋହରେ ଜୀବନ-ନିର୍ମୋହରେ ମୃତ୍ୟୁ
ଜୀବନ-ମୃତ୍ୟୁ ଭିତରେ ଯେତେସବୁ ଋତୁ
ଏଇ ଶୁଣ ?
ସତର୍କର ଘଣ୍ଟି
ଘୋର ନିଦାଘରେ,
ବାରବାର କିଏ କେମିତି ଦାନ କରେ
ଅଲୋଡ଼ା-ଅଚିହ୍ନା ବାତ୍ୟାକୁ ଆୟୁଷ ॥

■

ହଲେ ପାଦ

ନଈରେ
ହଲେ ପାଦ ହଜିଯିବାର ଖବରରେ
ସହରଟା ଉଠିଲା ପଡ଼ିଲା
ଭାଙ୍ଗି ଯାଉଥିବା ତାରାଠୁ ସ୍ୱପ୍ନ ମାଗିବାକୁ
ମୋତେ କିଏ ବାଧ୍ୟ କଲା ?
ତୁମେ ?
ଅଜଣା-ଅଚିହ୍ନା-ଅଶୁଣା କେହି
ଅଣ୍ଟନକ କେମିତି ପକେଇପାରେ
କାହାକୁ ଆଇନାର ଭ୍ରମେ ?

ସେଦିନ ଇସାରା-ଇସାରାରେ
ତୁମେ ଭିଡ଼ରେ ମୋତେ
ଖୁବ୍ ଏକୁଟିଆ କଲ
ମୋ ନଇଁଯାଉଥିବା ଆଖି
ଖସିପଡୁଥିବା ଚୁନୁରୀ ଉପରେ
ଜହ୍ନର ଗଜଲ ଲେଖିଲ
ବେଶୀ ନହେଲେ ନାହିଁ,
ମୁଁ ଖଣ୍ଡେ ରାତିକୁ ପିନ୍ଧି ପକେଇ
ନିଶ୍ଚୟ ଫୁଟେଇ ପାରିଥା'ନ୍ତି
କଇଁଫୁଲ ଗୋଟେ
ସୁଗନ୍ଧରାଜର ଦଲକାଏ ବାସ୍ନା ମାଖି ହୋଇ
ବୁଡ଼ ପକେଇ ପାରିଥା'ନ୍ତି ମନର ତୁଠେ

ହେଲେ,
ଇଚ୍ଛାଙ୍କ ଘରେ ତାଲା ପକେଇ
କେହି ଝବି ଜବତ୍ କରିଥିବା କଥା
ମୋର ମନେ ପଡ଼ିଗଲା
ମୁଁ ତରତର ହୋଇ ଲେଉଟିଲା ବେଳକୁ
ହାଏରେ ! ସେ ଅସରାଏ ଅଦିନିଆ ବର୍ଷା
କିଏ ପଠେଇଲା ?
ତୁମେ ?

ତୁମକୁ ବର୍ଷା ପସନ୍ଦ
ଆଉ ମୋତେ ଛତା
ଏ ଦୁଇଟି ଅମେଳ
କେମିତ ପଡ଼ନ୍ତି ଦୁହିଁଙ୍କର ପ୍ରେମେ
ଏଥର 'ଚେହେରା ହେ କି ଚାନ୍ଦ ଖିଲା ହେ' ଗୀତରେ
ତୁମେ ମୁହୂର୍ତ୍ତ ଓଠରେ
ଗୋଲାପି ରଙ୍ଗର ତୃଷ୍ଣା ସଜେଇଲ
ମାଟି-ଗୋଡ଼ି-ପାଣି-ପବନ ନଜରରେ
ମୋତେ କୃଷ୍ଣା କରିଦେଲ
ତୁମ ଉଡ଼ନ୍ତା ଚୁମାର ଜବାବରେ
ମୁଁ ଦରଫୁଟା ହସଟେ ଯାଚି ପାରିଥା'ନ୍ତି
ଲାଜର ନାକଫୁଲରେ
ଫୁଲେଇପଣକୁ ଗୁନ୍ଥି
ତୁମ ସ୍ପର୍ଶର ଶିହରଣକୁ
ସର୍ବତ ପରି ପିଇପାରିଥା'ନ୍ତି

ଆଉ ହଳେ ପାଦ ହଜିଯିବାର ଭୟ
ଲକ୍ଷ୍ମଣର ତିନିଗାର ପରି
ମୋର ବାଟ ଓଗାଳିଲା
ନୀରବତାର ଚାଦର ଘୋଡ଼େଇ ହୋଇ

ସେଇ କୁଆଁରୀ ଶୀତକୁ ମାତ୍ ଦେଲାବେଳେ
ତାଳୁରୁ ତଳିପା ଯାଏ
କିଏ ମୋତେ ଜାଳିଦେଇଗଲା ?
ତୁମେ ?

ମୁଁ ଅହରହ ଭିଜିବାରେ ବ୍ୟସ୍ତ
ସେଇ ନିଖୋଜ ଆଷାଢ଼-ଶ୍ରାବଣରେ
"ପ୍ୟାର କି ପହେଲି ପହେଲି ମୁଲାକାତ୍ ୟାଦ୍ ହେ"
ଆଜି ବି ଆଇସ୍କ୍ରିମ୍ ପରି
ମୋତେ ଟୋପା ଟୋପା ତରଳେଇ ଦିଏ

ଜାଣିଛ କି ?
ପାଦ ନଈରେ
ନଈ ସମୁଦ୍ରରେ ହଜିଲା ପରେ
ପୁଣି ଆକାଶରୁ ଝରିବାର ଚର୍ଚ୍ଚା
କେବେଠୁ ଜୋର୍ ଧରିଲା... ॥

■

ରକ୍ତ ନଈ

ରକ୍ତ-ଗଙ୍ଗାରେ ଗାଧୋଇ
ମୁଁ ପାଲଟିଯାଏ ରକ୍ତ ନଈ
ତୁମେ ମୋତେ ସୃଷ୍ଟି କହିପାର
ମୁଁ ହିଁ ପ୍ରସବିପାରେ ସୃଷ୍ଟି
ମୋ ରକ୍ତ-ମାଂସ-ନିଃଶ୍ୱାସର ଗର୍ଭଗୃହ ଦେଇ

ପବିତ୍ର-ଅପବିତ୍ରଠୁ ଢେର ଊର୍ଦ୍ଧ୍ୱରେ
ଭୂମି ଦି-ଗଡ଼ ହେବା
ଆକାଶ ଫାଟିବା
ନିଜେ ନିଜ ଅସ୍ତ୍ରରେ କଟିବା
ଶସ୍ତ୍ରରେ କଅଁଳି ଉଠି
ବିଶ୍ୱ ବଗିଚାକୁ କଅଁଳେଇ ଦେବା
ମଧୁର ଯନ୍ତ୍ରଣାର ବଶବର୍ତ୍ତୀ ହୋଇ

ଜାଣିଛ !
କାହିଁ କେତେ ଯୁଗର ପୁଣ୍ୟ ଲୋଡ଼ା
ଫୁଲଟେ ଫଳେଇ ଯିବାକୁ
ମାଟି ମା' ହେବା ପାଇଁ

ଏବେ କୁହ !
କେମିତି ଅଛୁଆଁ

ମୋ ଋତୁମତୀ ପାଳୁଥିବା ଦିନ
କାହିଁକି ଋତୁମତୀକୁ ଦେବ ମନା
ଦେବାଳୟ ମନା
କ'ଣ ସତରେ ଝଡ଼ିପାରେ କଢ଼
ଶୁଖିପାରେ ଗଛ
ପଡ଼ିଲେ ଋତୁମତୀ ଛାଇ ?

ଏ ଧରାକୁ ସଜେଇବାକୁ
ମୁଁ ଚିରିଯିବା ଥୟ
ଉର୍ବରା ହେବାକୁ
ବୀଜେଇ ଯିବାକୁ
ମୋ ଦେହରୁ ବୋହିବାକୁ ବାଧ ଋତୁସ୍ରାବର ସୁଅ
ଏହା ମୋ ଲାଗି
ଗୋଟେ ଅନନ୍ୟ ନିଆରା ଉତ୍ସବ
ଏହା ଲାଗି କିଛି ଯୁକ୍ତି ନାହିଁ

ଯେଉଁଠି
ଘଡ଼ି ଘଡ଼ି ବଦଳୁଛି ସମୟ,
ବଦଳୁଥିବା ସମୟ-ଧାରାରେ, ବୋହୁଛି ଦୁନିଆଁ
ବୋହିଯାଉଛ ତୁମେ
ବୋହିଯାଉଛି ତୁମ ଚିନ୍ତା-ଚେତନା
ବେଶ-ପୋଷାକ
ପରିଷ୍କାର-ପରିଚ୍ଛନ୍ନତା
ଜ୍ଞାନ-ବିଜ୍ଞାନର ମହୀ

ସେଠି, ତୁମ ରଚିତ
ଋତୁମତୀର ହିନସ୍ତା କାହାଣୀରେ
ମୋତେ ନାୟିକାଟେ ହେବାର ହିଁ ନାହିଁ
ମୁଁ ଏକବିଂଶ ଶତାବ୍ଦୀର ନାରୀ

ମୋତେ ବେଶ୍ ଆସେ
ମୋ ନାରୀତ୍ବର ପର୍ବରେ ଗର୍ବରେ
ସାମିଲ ହେବାର ଠାଣି ।

ଜଙ୍ଗଲ ଓ ମୁଁ

କ୍ଷଣ କ୍ଷଣ ବଦଳୁଥାଏ
ଯେଉଁ କଙ୍କ୍ରିଟର ଜଙ୍ଗଲ
ଠିକ୍ ସେଇଠି ମୋ ଘର
ନଈକୁ ନିଆଁ କହି
ଯେଉଁଠି ସେକା ହୁଏ ପବନର ପର
ଠିକ୍ ସେଇଠି
ଚରିତ୍ରମଖା ଶାଢ଼ୀରେ
ମୁଁ ଗୋଟେ ନିଖୋଜ ଖବର

ପର୍ଯ୍ୟାପ୍ତ ନୁହେଁ ଏ ଠିକଣା
ଅବଶ୍ୟ କହିପାର ତୁମେ
ହେଲେ,
ଫୁଟିଥିବା ଫୁଲ
ଉଠିଥିବା ଧୂଆଁ
ଘନେଇଥିବା ବାଦଲର ଠିକଣା କ'ଣ ?

ବଡ଼ ଜଟିଳ ପ୍ରଶ୍ନ ନା !
ପଚାରିଲି ବୋଲି ତ
ମୋ ରାସ୍ତା ସାରା ଜଙ୍ଗଲୀ ନଜର
ଓଃ... ସେ ନଜରର ଧାର

ଭ୍ରୁଣ ଠୁ ଆରମ୍ଭି
ଶୈଶବ
ଯୌବନ
ଗୋଟାପଣେ ମୋ ଦେହର ବଖରା- ବଖରା
ଛଳଛଳ ଅଥଚ ପଥର

ଜଙ୍ଗଲ ତ କେବଳ ଜଙ୍ଗଲ
ପାଦ ଥାପିଛ ମାନେ
ଉଧୁରିବା କଷ୍ଟ
ହଜିଯିବାର ଭୟ
ଜଙ୍ଗଲକୁ ତଥାପି ମୁଁ
କୁହେନି ସମର୍ଥ

ଜଙ୍ଗଲ ସହ ମୋର ନିତି ସମ୍ଭୋଗ
ମୋରି ଗର୍ଭରେ
ଭୃଣାଏ ଜଙ୍ଗଲର ବୀଜ
ଦଶମାସ-ଦଶଦିନର ଯୁଗ

ଏବେ ମୋତେ
ଅହଲ୍ୟା କୁହ
ସୀତା କୁହ
କି ପାଞ୍ଚାଳୀ
ଉର୍ମିଳା କୁହ
ତାରା କୁହ
କି
ନାଁ ନଥିବା ସାଧାରଣ ନାରୀ

ମୁଁ ହିଁ ଯୁଗର ଧାରକ
ଯୁଗର ବାହକ

ଯୁଗ-ପ୍ରବର୍ତ୍ତକ
ସିକ୍ତ ରକ୍ତାକ୍ତ କ୍ଷତାକ୍ତ
ଅଥଚ ଉଜ୍ଜ୍ୱଳ ଆବେଗ

ନିଅ !
ମୋ ମାଟି ନିଅ
ଆକାଶ ନିଅ
ପାଣି ନିଅ
କଅଁଳୁ ଜଙ୍ଗଲର ଗୋଟି ଗୋଟି ଗଛ
ମୋରି ଅମୃତ ପିଇ
ମୋ ଲାଗି ଉଦ୍‌ଗାରୁଥାଉ ବିଷ
ସେଇଠି, ନୀଳକଣ୍ଠ ସାଜି
ମୁଁ ବସେଇବି ଜୀବନ-ଆସର
ସଜେଇବି ରଙ୍ଗ-ଦରବାର

ଜଙ୍ଗଲ ମାନେ ବୁଝିପାରିଲ ତ !
କହିଲ ! ମୋର ଠିକଣା କ'ଣ ?

■

ଆଇନାର ବାସ୍ନା

ଅପ୍ରାପ୍ତିର ବାସ୍ନାରେ ଗୋଧୋଇ
ଅସରନ୍ତି ତୃଷ୍ଣାକୁ ମୁଣ୍ଡେଇ
ମୋ ଭିତରେ ଅହରହ
ଠିକଣାଟେ ଖୋଜିବାର ଯୁ
ଯେଉଁମାନେ ନଈ କହି
ମୋତେ ଏଡ଼େଇ ଯାଆନ୍ତି
ଏ କୂଳରୁ ସେ କୂଳ ଯିବାକୁ
ମୋତେ କେବଳ ସାଧନ କରନ୍ତି
ସେମାନେ ଜାଣନ୍ତିନି ବୋଧେ
ସମୁଦ୍ରଟେ ଛାତିରେ ଜାକି ଧରି
ମୁଁ ହିଁ ଲହରଉଥାଏ ଆଜୀବନ
ମୋ ଘରିପଟେ ନିଆଁ ହୁ ହୁ

କେଉଁ ନିଆଁ କଥା କହିବି ଯେ !
ପ୍ରତିଟି ନିଆଁର ବାସ୍ନା ମୋଠି
ବିଷ-ପିଆଲାର ବାସ୍ନା କୁହ
କି
ଉପେକ୍ଷିତ ପ୍ରେମର ବାସ୍ନା
ଅଗ୍ନିପରୀକ୍ଷାର ବାସ୍ନା ହେଉ
ଅବା
ପ୍ରତିଜ୍ଞାବଦ୍ଧ ଖୋଲା କେଶର ବାସ୍ନା

ପ୍ରତିଟି ବାସ୍ନାକୁ
ସପ୍ରେମେ ଢକ ଢକ ପିଇ
ଏବେ ଧୈର୍ଯ୍ୟରେ ମୁଁ ଜୁଡୁବୁଡୁ
ଅପ୍ରାପ୍ତି ହିଁ ଜୀବନ ମୋର
ଆଉ ପ୍ରାପ୍ତି ମାନେ ମୃତ୍ୟୁ

ମୁଁ ରାଧା, ମୀରା, ରୁକ୍ମିଣୀ, ଦୁର୍ଗା
ଅହଲ୍ୟା, ସୀତା, ଉର୍ମିଳା, କୃଷ୍ଣା
ଚରିତ୍ରର ଅପୂର୍ଣ୍ଣତାକୁ ଜିଇଁ ଜିଇଁ
ମୁଁ ସ୍ୱୟଂ ସମ୍ପୂର୍ଣ୍ଣା

ମୋ ଭାଗର ଅଧୁରା ଆକାଶରେ
ସମର୍ପଣର ଜହ୍ନ ସାଜି
ମୁଁ ଚିରକାଳ ରିକ୍ତା
ଅଥଚ ଯୁଗର ଆଇନା

ଆଇନାର ବାସ୍ନାରେ ଭିଜିଛି ?
ଶୁଣ ! କାନଡ଼େରୀ ଶୁଣ
ଇତିହାସର ପୃଷ୍ଠାରୁ
ସଦାବେଳେ ମୋ ପରି କେହି ଜଣେ
ମାରୁଥାଏ ହୁଁ ॥

■

ମା' ଆସୁଛନ୍ତି ?

ମା' ଆସୁଛନ୍ତି
ବାରବାର ବିସର୍ଜିବାର ସମ୍ଭାବନା ନେଇ
ପରସ୍ତ ପରସ୍ତ ନିଆଁରେ ନଜଳି
ଧୂଆଁରେ ସଭିଙ୍କୁ ଜାଳିଦେବା ପାଇଁ

ମା' ଆସୁଛନ୍ତି
ଧୂପ-ଦୀପ-ଫୁଲ-କର୍ପୂର
ଅଗୁରୁ-ଚନ୍ଦନରେ ଦଶରୂପା ହୋଇ
ବୁନ୍ଦାବୁନ୍ଦା ତାଜା ରକ୍ତରେ ମାଟିକୁ ଭିଜେଇ
ପ୍ରତିକ୍ଷଣ ପ୍ରତିଟି ମୁହୂର୍ତ୍ତ ଇତିହାସଟେ ଗର୍ଭେଇ
ଆରକ୍ତରେ ସବୁ ସୀମା ଟପିଯିବା ପାଇଁ

ମା' ଆସୁଛନ୍ତି
କଟା ଜିଭ ଭଙ୍ଗା ମେରୁଦଣ୍ଡ
କ୍ଷତବିକ୍ଷତ ଓଠ
ନୀରବିଥିବା ହାତ-ଗୋଡ଼-ଦେହର ସମାଧି ଉପରେ
ପାଦ ଥୋଇ ଥୋଇ
ମା' ହିଁ ତ ବଳାତ୍କାରର ସାଧନ
ଭ୍ରୂଣହତ୍ୟାର ସାମଗ୍ରୀ
ଯୌତୁକ ଯୁଇ

ଯେଉଁମାନେ ଦେହଟେ ଛଡ଼ା
ମା'ଙ୍କ ଠି ଆଉ କିଛି ଦେଖିପାରିଲେନି
ସେମାନେ ଜାଣନ୍ତିନି ବୋଧେ
ମା' ହିଁ ତିଆରେ ଗର୍ଭଟେ
ନିଜ ଗର୍ଭକୁ ଫଟେଇ
ଅବସୋସ...
ମା'କୁ ଚିରି ଫାଡ଼ି ଉଦ୍ଧାଏ ଏଠି
ଘୃଣ୍ୟ ରାଜନୀତି

ମୁଁ ଆଶ୍ଚର୍ଯ୍ୟ !
ମା' କାହିଁକି ଆସନ୍ତି
କେମିତି ଆସନ୍ତି ଏତେ ସବୁ ପରେ
ସୋରାଏ ମୋହର
ସ୍ୱର୍ଣ୍ଣିମ ସକାଳଟେ ହୋଇ
ଅର୍ଦ୍ଧଦଗ୍ଧ ରାତ୍ରିକୁ ପଣତେ ଲୁଚାଇ
ପବନର ଚିତ୍କାରକୁ ଶୋଷି
ସୀତ୍କାରଟେ ଯାଚିଦେବା ପାଇଁ

ମୁଁ ଆଶ୍ଚର୍ଯ୍ୟ !
ଯେତେ ରାବଣ ସେତେ ସୀତା
ଯେତେ ମହିଷାସୁର ସେତେ ଦୂର୍ଗା
ଯେମିତିକା ଆଖି ସେମିତିକା ଛବିରେ
ମା' ସଦୈବ କେମିତି ସିନ୍ଦୁରୀ

ମୁଁ ଆଶ୍ଚର୍ଯ୍ୟ !
ମା' କାହିଁକି ଆସନ୍ତି
କେମିତି ଆସନ୍ତି ଏତେ ସବୁ ପରେ,
ସୋରାଏ ମୋହର

ସ୍ୱର୍ଣ୍ଣିମ ସକାଳଟେ ହୋଇ
ଯୁଗେ ଯୁଗେ ମା' ହିଁ ନିରସ୍ତ୍ର ଏଠି
ଆଉ
ମା'ଠୁ ବଡ଼ ଅସ୍ତ୍ର ଆଉ କିଛି ନାହିଁ !

■

ଆଲୁଅ-ପର୍ବ

ଯେତେ ବି ଗାଢ଼ ହେଉ ଅନ୍ଧାର
ଭେଦି ପାରିବନି ଆଲୁଅର ଛାତି
ଧାରେ କ୍ଷୀଣ ଆଲୁଅ ଧାରରେ
ମରିଯିବ ରାତି

ରାତିର ଇସାରା
ଗୋଟେ ମୋହିନୀ ମାୟା
ମାୟାର ହଜାରେ କାୟା
ଜଳୁଥାଏ-ଜାଳୁଥାଏ ବାଢୁଥାଏ ତାତି

ତାତି କହିଲେ କ'ଣ ବୁଝ ?
କାହିଁକି ଜାଳିବ ଦୀପ
କେମିତି ଜାଳିବ ଦୀପ
ଛଳ-କପଟ-ସ୍ୱାର୍ଥ-ଅହଂକାରର
ଯାବତୀୟ ଖୋଳପାକୁ ପିନ୍ଧି

ଆସ !
ଫୁଟେଇ ଦିଅ ଆଶାଙ୍କର ତାରା
ଥାପିଦିଅ ପ୍ରେମିଳ ଜହ୍ନଟେ
ଆକାଶ ଦେହରେ
ଭରସା - ବଳୟର ଅମାବାସ୍ୟା କାଟି

ଦଲକାଏ ପବନ ସ୍ପର୍ଶରେ
ଖୋଲିଯାଉ ହୃଦୟର ଆଖି

ଆଲୁଅ-ପର୍ବ ଆଉ କ'ଣ କି ?
ଅସତ୍ୟ ଉପରେ ସତ୍ୟର
ଅଧର୍ମ ଉପରେ ଧର୍ମର
ଘୃଣା ଉପରେ ପ୍ରେମର
ଅନ୍ଧାର ଉପରେ ଆଲୁଅର
ବିଜୟ-ଧ୍ୱଜା

ମୁଁ ବାସ୍ ଏତିକି ବୁଝିଛି !

■

କବିତା ନ ହୋଇପାରେ !

ମୋ ହସ କ'ଣ ସତରେ ସହଜ
ନା
ଧାରେ ହସରେ ଉଛୁଳି ପଡ଼େ
ମୋ ସହଜପଣିଆ
ତୁମେ ସେଇ ହସକୁ ଶିଢ଼ି କରି
ଖୋଜିନିଅ ମୋତେ ଶିକାର କରିବାର ବାଟ
ପଦେରୁ ଦି'ପଦ
ଦି'ପଦରୁ ଚାରିପଦ ଲେଖି
ବଡ଼ ସତର୍କତାର ସହ ମାର ପ୍ରେମର କୁହାଟ
ପ୍ରତି ବଦଳରେ
ମୋ ଠୁ ବି ଲୋଡୁଥାଅ ସମାନ ଖୋରାକ

ସୁଧିଜନେ,
ମୁଁ ଅଜ୍ଞ ତ ବିଲକୁଲ ନୁହଁ
ହୋଇପାରେ ନିହାତି ନୀରବ
ସବୁ ନୀରବତାର ମାନେ 'ନା' ନହୋଇପାରେ
'ହଁ' ମଧ୍ୟ ନୁହଁ
ମୋ ପ୍ରେମ-କବିତାର ଛଳଛଳ ନାଦ ତଳେ
କେତେ ଯେ ବଇଶାଖୀ ବାମ୍ଫ !
ତୁମେ ଭୋଗିଛ ?

ମାଟି ତଳେ ଭୂକମ୍ପ
ପବନ ଭିତରେ ତୋଫାନ
ସବୁବେଳେ ଥାଏ, ମନେରଖ
ଦୟାକରି ଫିଟାଅନା
ଭୟଙ୍କର ଗୁମ୍ଫାର କବାଟ
ବାଧ କରନା
ଫୁଲକୁ କହିବାକୁ ପଥରର ଗପ

କାରଣ...
ମୁଁ ଜାଣେ
ଶବ୍ଦମାନଙ୍କ ଅତ୍ୟାଚାର
ନିଶବ୍ଦତାର ଦଣ୍ଡନାଟ
ଦ୍ୱନ୍ଦ୍ୱର ଖସଡ଼ା ପାହାଚ

ମୁଁ ଭୋଗେ
ଶ୍ରାବଣର ନିଆଁ
ଫଗୁଣର ଧୂଆଁ
ଚଇତିର ଝାମ୍ପ
ଆଉ
ଢକଢ଼କ ପିଇପାରେ ହଳାହଳ ବିଷ
ଦେଖ !
ତୁମେ ଅନ୍ଧାରରେ
ମୋତେ ଯୋଖି ମାରିଥିବା ତୀରରେ
ମୁଁ ରକ୍ତାକ୍ତ, କିନ୍ତୁ ପୂର୍ବାପେକ୍ଷା ଶକ୍ତ
ଅସ୍ତ୍ର ନୁହେଁ, ନିରସ୍ତ୍ରତା ହିଁ ସଶକ୍ତ

ସାବଧାନ !
ଟୋପେ ଲୁହ ବି
ଜାଳିପୋଡ଼ି କରିପାରେ ଭସ୍ମ ॥

ଜହ୍ନର କବିତା

ଏଯାବତ୍
ଜହ୍ନ ଲାଗି ଲେଖିପାରିଲିନି
ଜହ୍ନର କବିତା
ଜହ୍ନଟେ ବି ତ ମିଳିବା କଥା

ମିଳିନି ବୋଲି
ଛାତିରେ ହାତ ବାଡ଼େଇ କହିବି କେମିତି
ମିଳିବାର ପ୍ରମାଣ କାହିଁ ଯେ ମୋ ପାଖେ
ନା ମୁଁ ଏପଟେ ନା ମୁଁ ସେପଟେ
ମୋ ହଜିଲା ପାଉଞ୍ଜିର ରୁଣୁଝୁଣୁରେ
ତାଳଦିଏ ସଦାବେଳେ ନ ଥିବା ଝୁମୁକା

ଢାକାର ମଲମଲ ଚୁନୁରୀଟେ ପରି
ସେ ଗୁଡ଼େଇ ହୋଇଛି ଦେହରେ
ତା' ପ୍ରତିଶ୍ରୁତି ସବୁ
ରାଜସ୍ଥାନୀ ମେହେନ୍ଦୀର ବାସ୍ନା
ଓଠରେ ପ୍ରତିଟି ଚୁମ୍ବନ ମୋତେ ଭୁଲି
କୁହେ ତା' ଓଠ କଥା

ଏ ମନରୁ ସେ ମନ ଯାଏ
ଆଜି ବି ଲମ୍ବିଛି

ନାଁ ନଥିବା ସମ୍ପର୍କର ସୂତା
ସେ ସୂତାର ଅଧିକ
ମୁଁ ମୋ ନିଃଶ୍ୱାସ ସିଞ୍ଚି ଜିଆଇଁ ରଖିଛି
ଜାଣେନା,
ଆଉ ଅଧିକରେ ସେ ବୋଲୁଚି କେମିତିକା ଛଟା

ତୁମେ ତାକୁ କ'ଣ ବୋଲି କୁହ
ଯେ ଅଜାଣତେ ବୁଣିଯାଏ
ହୃଦୟ-ଅଗଣାରେ ସ୍ୱପ୍ନର ଝୋଟି
ପ୍ରଜାପତକୁ ଯାଚେ ହରରଙ୍ଗୀ ଛିଟା
ଅଥଚ
ହାତ ବଢ଼େଇଲେ ପାଲଟେ
ଶାମୁକାର ଫେରାର୍ ମୁକୁତା

ସେ ମୁକ୍ତାକୁ
ଯେବେଠୁ ମାଳା କରି ପିନ୍ଧିଛି ଗଳାରେ
ଚାଲୁଛି ଯେ ଚାଲୁଛି
ମୋ ସାମ୍ନାରେ ଅସରନ୍ତି ରାସ୍ତା
ରାସ୍ତାର ଗୋଟେ ଆତ୍ମକଥା ଥାଏ
କାହାକୁ କହିହୁଏନା ରାସ୍ତାର ଆତ୍ମକଥା
ଦୋଛକୀ ଚାରିଛକୀ... କେତେ କେତେ ଛକୀ
ରାସ୍ତାର ରାସ୍ତାରେ
କେବେ ଅତିକ୍ରମିଥିବା ବାଟୋଇଟିଏ ମୁଁ
କେବେ ସେଇ ଛକରେ ମୁଁ ନୀରବରେ ଠିଆ
ଜାଣ, ନ କହିଲେ ମହଙ୍ଗା ମହଜ
କହିଦେଲେ, ମାଟି-ଗୋଡ଼ି ପରି ଶସ୍ତା

ଶସ୍ତା, କେବଳ ଶବ୍ଦଟେ ନୁହେଁ
ଆଖିର କଜ୍ଜ୍ୱଳ ପରି

ଶାଢ଼ୀର ବ୍ଲାଉଜ୍ ପରି
ନଖର ନଖପାଲିସି ପରି
ପାଣି-ପବନ ପରି
ଛୁଉଁଥାଏ - ଛୁଇଁ ଯାଉଥାଏ
ଶସ୍ତା ସେଇ ଘଟଣାଟେ
ଯାହା ବାରବାର ଘଟେ -
ଅନବରତ ଘଟେ
ତାକୁ ଘଟିବାକୁ ହୁଏ
ଜଣାନାହିଁ, ମହଙ୍ଗାର କିଏ ଅନ୍ନଦାତା ?

ଅନ୍ନଦାତା କାହାକୁ କହିବି
ଯିଏ ନିଜେ ଦି'ଗଡ଼ ହୋଇ
ମୋତେ ଗଢ଼େ ଜୀବନ ଦିଏ
ଯା'ର ଲୁହ-ଲହୁ-ଝାଳ-ଲାଳ
ମୋ ଶୀରା-ପ୍ରଶୀରାରେ, ପ୍ରଶ୍ୱାସ ହୁଏ
ଟୋପେ ସିନ୍ଦୂର-ଦି'ପଟ ଶଙ୍ଖା,
ଝୁଣ୍ଟିଆ - ବଉଳପାଟରେ
ଯିଏ ତେରି କରେ ମୋ ବଳକା ଆୟୁଷ
ନା
ସେଇ ଧାପେ ସ୍ପର୍ଶ
ଯା'ର ଶିହରଣରେ ମୁଁ ଋତୁମତୀ ହୁଏ

ଅନ୍ନଦାତା କାହାକୁ କହିବି
ତାକୁ କି ?
ପୂର୍ବରେ ଆସି ପଶ୍ଚିମରେ ଫେରିବା ବାଟରେ
ଯେ ତୋଳିଲା ପୃଥିବୀ
ମୁଁ ତାକୁ କେବେଠୁ ଖୋଜୁଛି
ଏଇ ଖୋଜିବାପଣରେ
ମୁଁ କାହାକୁ କେମିତି ପାଇଛି ?

କେବଳ ଏତିକି ତ ନୁହେଁ
ଆହୁରି ଅନେକ ଢେର୍ ଅନେକ
ନିଜ ନିଜ କିରଣରେ ମୋତେ ପ୍ରଜ୍ଜ୍ୱଳିତ କରି
ପାଲଟିଛନ୍ତି ସେଇ ମୁହୂର୍ତ୍ତର ରବି
କେହି ସାଇତି ରଖିଛ ଅଗଣିତ ରବିଙ୍କର ଛବି ?

ଛବି ସାଇତି ହୁଏକି ଢେର୍ ଦିନ ଧରି
ଆଖିରେ ?
ଫଟୋ ଗ୍ୟାଲେରୀରେ
ଆଲ୍‌ବମ୍ ଛାତିରେ
ଟାଇମ୍ ଲାଇନ୍‌ରେ
ସବୁଠି ତ ଭିଡ଼ - ବେଶ୍ ଭିଡ଼
ଏହା ଦୁନିଆଁର ରୀତି
କିଛି ବାଧ୍ୟ ପାଲଟିବାକୁ ଫିକା
କିଛିଙ୍କର ରଙ୍ଗ ଖୁବ୍ ଗାଢ଼

ଛବି ସାଇତି ହୁଏ କି ଢେର୍ ଦିନ ଧରି
ଖରା-ବର୍ଷା-ଶୀତର କରାମତିରେ
ଇଚ୍ଛାମାନ ଅସହାୟ ନିରୂପାୟ ପ୍ରାୟ
କୃଷ୍ଣଚୂଡ଼ା ଜଳେ ହୁ ହୁ
ତା'ର ଜଳିବା ହିଁ ଥୟ
ପାପୁଲିର ରେଖା ଦେଖି ଦେଖି
ଭାଗ୍ୟ-ଆଦରିବା ଶିଖି ଶିଖି
ବୋହିଯାଏ ସମୟର ସୁଅ

ମୁଁ ସୁଅରେ ପତରଟେ ହୁଏ
ନୀରବରେ ଭାସି ଭାସି
ନଈ ସହ ନଈ ହୋଇଯାଏ
ମୁଁ ବି ପଥରଟେ ହୁଏ

ନଈର ଛାତି ଛେଦି ମୋ ରୁକ୍ଷତାରେ
କେଜାଣି ତାକୁ କେଇଭାଗ କରେ
ନିଜେ ଘୋରି ହେଉଥାଏ
କ୍ଷଣେ ମୁଁ ସମୟ ଆଖିରେ
କ୍ଷଣେ ସମୟ ମୋ ଆଖିର ଲୁହ

ଲୁହ,
ଆଗାମୀ ସଭ୍ୟତାର ମୋହ
ଆର୍ଯ୍ୟବର୍ତ୍ତର କେନ୍ଦ୍ରବିନ୍ଦୁ
ପରଦା ଆଢୁଆଳେ ଛଟପଟ
ସାମ୍ରାଜ୍ୟର କୋହ
ଲୁହକୁ ମାପିହୁଏନା
ପଲକରୁ ପୃଥିବୀ ପର୍ଯ୍ୟନ୍ତ
ସେ ଗଢୁଥାଏ ଗଢ଼ି ହେଉଥାଏ
ସବୁଜ ବନାନୀ ଧୂଳି-ଧୂସର ଭଗ୍ନାବଶେଷ
ବେଳାଭୂମି, ସମୁଦ୍ରର ଶୋଷ
ଇନ୍ଦ୍ରଧନୁରୁ ଇନ୍ଦ୍ରଧନୁ ଯାଏ
କେତେ କେତେ ଋତୁଙ୍କର ଲୀଳାଖେଳା
ପୁଣି କେଉଁ ଅଜଣା ଗୋହିରୀରୁ ବୋହି ଆଣେ
ଦଲକା ଦଲକା କିଆଫୁଲ ବାସ
ଆବୋରି ବସେ, ଭରିଦିଏ ଅନ୍ଧାରରେ
ଅନନ୍ତ ଇପ୍‌ସିତ ଆଲୁଅର ଶୋଷ,
ଆଲୁଅରେ କଳା କିଟିକିଟି ଅନ୍ଧାରର ଭସ୍ମ

ଲୁହକୁ ମାପି ହୁଏନା
ପଲକରୁ ପୃଥିବୀ ପର୍ଯ୍ୟନ୍ତ
ଝରିଲେ ରାମ ରାମ ହୋଇ
ବାଲ୍ମିକୀ ରଚନ୍ତି ଯୁଗାନ୍ତକାରୀ ଇତିହାସ
ବନବାସରୁ ଅଗ୍ନିପରୀକ୍ଷା ମାପୁ ମାପୁ

ସୀତାରୁ ସମାଧି ଦେଖୁ ଦେଖୁ
ବିଷର ଗିଲାସ ପାଲଟିଯାଏ ଯଶର ପିୟୁଷ

ଝରିଗଲେ ପଶାକାଠି ହୋଇ
ପାଣ୍ଡବ-କୌରବଙ୍କର ମାପକାଠି ଥୋଇ
ପାଞ୍ଚାଳୀର ବସ୍ତ୍ରହରଣରେ
ମୁକୁଳା କେଶର ଦାୟରେ
ଲେଖାହୁଏ ମହାଭାରତ
ପାଦ ଥାପନ୍ତି କେଶବ ଓ ପାର୍ଥ
ଶବର ଶିବରେ ଶିବର ଶବରେ
ସଜାହୁଏ ଧର୍ମ-ଅଧର୍ମର ବିରଳ କୁରୁକ୍ଷେତ୍ର

କୁରୁକ୍ଷେତ୍ର ତ ଅହରହ ଏଠି
ମୋ ଓ ମୁଁ ର ଧସ୍ତାଧସ୍ତିରେ
'ତୁ' 'ମୁଁ'ର କସ୍ତାକସ୍ତିରେ
ପ୍ରତିକ୍ଷଣ ଆତ୍ମା ଭୋଗେ ବନବାସ
ନିତି ଓପଡ଼ାହୁଏ ଦୁଃଶାସନ ଜଙ୍ଘ
ଗଛଲତା, ପାହାଡ଼, ପର୍ବତ, ପାଣି, ପବନ ଧୂଳି-ମାଟି
ଆହତ-ବିବେକର ରକ୍ତରେ ରକ୍ତାକ୍ତ
ପରରୁ ଆପଣା, ଆପଣାରୁ ପରର ଚକ୍ରରେ
ଅଜାଣତେ ନିଜେ ନିଜପାଇଁ ତୋଳିଥିବା ନର୍କରେ
ମୁଁ ନିତି କଟୁଥାଏ...
କାଟୁଥାଏ ଅଙ୍ଗପ୍ରତ୍ୟଙ୍ଗର ସ୍ୱର୍ଗ
ସ୍ୱର୍ଗ ବୋଲି କିଛି ଗୋଟେ ଥାଏ ?
ନର୍କର ଦ୍ୱାର କାହାକୁ କହୁଛ ?
ସିଏ, ଯିଏ ବାଣ୍ଟିଦେଲା ଦୁନିଆଁ
ବାଣ୍ଟିହେଲା ନିଜେ
ଯିଏ ବୁହେଇଲା ମନରେ ପୁଣ୍ୟତାର ଗଙ୍ଗା
ଗଙ୍ଗାରେ ବସେଇଲା ଆବର୍ଜନାର ଦଙ୍ଗା

ଦଙ୍ଗାରେ ମୋତେ ଜିତେଇଲା କ୍ଷଣେ
କ୍ଷଣେ ହରେଇ ପାଣିର ଶୋଷ ବଢ଼େଇଲା
ସେ ହିଁ ତ ସବୁ ନାଟକର କର୍ତ୍ତା
ମୁଁ ଏଯାଏ କହିପାରିନି ତାକୁ ମୋ ମନ ବ୍ୟଥା

ମନ-ବ୍ୟଥା ଲେଖିବାକୁ କଲମଟେ କାହିଁ ?
ମନରେ ଢାଙ୍କିବାକୁ ପଡ଼େ ସଦା ଖଣ୍ଡେ କାଳିଆ ପରଦା
ମୁହଁ ଖୋଲି କହିବାକୁ ସାହସଟେ କାହିଁ ?
ଜିଭକୁ କଇଁଚି
ଓଠ ଲାଗି ସାଇତା ଏଠି ତୀକ୍ଷ୍ଣ ଛୁଞ୍ଚି-ସୂତା
ଶୁଣିବା ଲୋକ ତ ଖବର କାଗଜ
ରାତି ପାହିଲା ମାତ୍ରକେ
ଏ ମୁଣ୍ଡରୁ ସେ ମୁଣ୍ଡ ଏରୁଣ୍ଡିବନ୍ଧରେ ଥୁଆ

ଯେ ପର୍ଯ୍ୟନ୍ତ ଖୋଲି ହୋଇନି ମନର ଦରଜା
ବାଜିନି ଅନ୍ତରଙ୍ଗତାର ବାଜା
ସେ ପର୍ଯ୍ୟନ୍ତ ଭଙ୍ଗା ତାରାଙ୍କୁ ମିଳିନି ଆକାଶ
ଯେ ପର୍ଯ୍ୟନ୍ତ ଜହ୍ନକୁ କୁହାହୋଇନି ଜହ୍ନିଫୁଲ କଥା
ସେ ପର୍ଯ୍ୟନ୍ତ,
ଗୁଣ୍ଡୁଚି ମୂଷା ଧୂଳିରେ ଗଡ଼ି ଝାଡ଼ିହେଲାପରି
ମୁଁ କଲମ
କାଳି
କାଗଜ
ଆଉ
କେବେ ବି ସରୁନଥିବା କବିତାର ପୃଷ୍ଠା... ॥

■

ଅହଲ୍ୟା

ଲକ୍ଷେ କଣ୍ଟାକୁ ମୁଣ୍ଡେଇ
ମୁଁ ଗୋଟେ ଫୁଲ
ମୋ ସୌନ୍ଦର୍ଯ୍ୟ
ବାସ୍ନା
ଦେହ
ଯୁଗେ ଯୁଗେ ମୋ ଲାଗି କାଳ

ବାରବାର ଇଛିଛି
ଆକୁଳ ପ୍ରାର୍ଥନା କରିଛି
ଦେହକୁ ବାଦ ଦେଇ ଖୋଜିଛି ଅସ୍ତିତ୍ୱ
ଭାବିଛି...
କେହି ଥରେ ପଢ଼ନ୍ତାନି ମୋ ଛାତିତଳ
ସତରେ,
କେବେ ବି ସରେନା ମୋ ସମୁଦ୍ରେଇବାର ବେଳ
ସତୀତ୍ୱର ପରାକାଷ୍ଠା ହିଁ ମୋ ବେଳର ଅବେଳ

ତୁମେ ମହର୍ଷି ଗୌତମ ହେବା ଥୟ
ଆଉ
ମୋତେ ପିନ୍ଧିବାକୁ ବାଧ୍ୟ ଇନ୍ଦ୍ରର ଛଳ
କୁହ ତ !
ଅହଲ୍ୟାପଣିଆକୁ କ'ଣ ପ୍ରତି ମୁହୂର୍ତ୍ତରେ
ଚୁକେଇବାକୁ ପଡ଼ିନି ଅହଲ୍ୟା ହେବାର ମୂଲ ?

ମୋ ଆକାଶ ଗୌତମମୟ ସଦା
ଛଳକୁ ବି ସତ ଭାବି
ପରସ୍ତ ପରସ୍ତ ମୁଁ ପିନ୍ଧିଛି ଗୌତମ
ବେଶ୍ ସ୍ୱଚ୍ଛ ମୋ ପୃଥିବୀର ଦେହ
ତଥାପି ବୁଝିଲନି ଯେ...
ଫୁଲକୁ ପଥରର ଅଭିଶାପ ଦେଇ
ଦୋଷୀର ଦେହରେ ଖଞ୍ଜିଦେଲ ହଜାରେ ଯୋନୀର ମୁହଁ

ମୁଁ ନୀରବ ନିଶ୍ଚଳ
ମୋରି ବେଳାଭୂମିରେ ମୁଣ୍ଡ ପିଟିପିଟି
ମୁକ୍ତି ଲାଗି ଅପେକ୍ଷାରତ ସମୁଦ୍ରେ ଲୁଣ

ତୁମେ ଇନ୍ଦ୍ର ହୁଅ
ମହର୍ଷି ଗୌତମ ହୁଅ
କି ମର୍ଯ୍ୟାଦା ପୁରୁଷୋତ୍ତମ
ମନେରଖ !
ତୁମ ଲାଗି ମୁଁ ହିଁ ପାଲଟୁଥାଏ ରାସ୍ତା
ମୋତେ ନ ଅତିକ୍ରମିଲା ଯାଏ
ତୁମେ ପାଲଟି ପାରନା ଫଳ... ॥

■

ବର୍ଷା !

ତା' ଆଖିରେ ଆଖି ମିଶିଲେ ବର୍ଷା
ବିଜୁଳି ରଙ୍ଗରେ
ଘଡ଼ଘଡ଼ିରେ ତରଙ୍ଗରେ
କ୍ଷଣ କ୍ଷଣ ପରଦେଶୀ ବାଦଲ-ମଙ୍ଗରେ
ଯିଏ ଆକାଶକୁ କେଜାଣି କେତେ ଖଣ୍ଡ କରି
ପୃଥିବୀକୁ ଯାଚିଦେଇପାରେ ସବୁଜରଙ୍ଗର ନିଶା
ସେ ଆଉ ସିଏ ତ ନୁହଁ !

ଦାରୁଣ ନିଦାଘକୁ ମାତ୍ ଦେଇ
ମୌସୁମୀ ତୀରରେ
ଯାହାର ପରସ୍ତ ପରସ୍ତ ଛୁଆଁ
ଭିଡ଼ ଲଗେଇପାରେ ଲାଜର ଅମରାବତୀରେ
ଆଉ
ମୋତେ ଲୁଚେଇବାକୁ ବାଧ୍ୟ କରେ
ମୋ ଭିଜାଭିଜା ମନର ଦେହ
ସେ ଆଉ ସିଏ ତ ନୁହଁ !

ତା' ଦେହର ପବନରେ
ଶୀହରିଯାଏ ତାଳରୁ ତଳିପା
କେଉଁଠି ନା କେଉଁଠି
ଲେଖା ହେଉଥାଏ କାହାଣୀଟେ

ମୋ କଲମରେ କିନ୍ତୁ
ସିଏ ଲେଖେ ତା'ରି କବିତା
ଏ ପ୍ଲାଷ୍ଟିକ୍ ଜୀବନରେ ଭରିଦେଇ ମୋହ

ସେ କେମିତି ଛୁଇଁଲା
କାହିଁକି ଛୁଇଁଲା
ମୋତେ ମୋ ଅନୁମତି ବିନା
କେହି ପଚାରନି
ଅପ୍ରତ୍ୟାଶିତ କେହି ଚମକେଇ ଦେଲେ
ଫୁଲଙ୍କ ସହରକୁ ବାସ୍ନାୟିତ କଲେ
ତୃଷ୍ଣା ବଢ଼େଇଲେ
ଡାଳାଏ ପ୍ରେମ ଯାଚିଦେଲେ
ପତ୍ରରଙ୍ଗୀ ଶାଢ଼ୀ ପିନ୍ଧେଇଲେ
ବେଶ୍ ଭଲ ଲାଗେ, ନୁହଁ ?
ମୁଁ ଏବେ ଏବେ ତା'ରି ପ୍ରେମିକା
ତୁମେ ତାକୁ ଭେଟିଛ ?
ଯା'ର ଓଠରେ ଓଠ ଥାପି
କେହି ବି ପାଲଟି ଯାଇପାରେ
ଶବ୍ଦରେ-ଭାବରେ-ଅନୁଭବରେ-ଅନୁରାଗରେ
ଖୁବ୍ ଖୁବ୍ ଖୁବ୍ ଦାମିକା
ତୁମେ ତାକୁ ଭେଟିଛ ?
ତା' ଆଖିରେ ଆଖି ମିଶିଲେ ବର୍ଷା... ! !

■

ଗଢ଼ଣର ଦେବୀ

ଝିଅ !
ଆକାଶରେ ଉଡ଼ିବା ଯେତିକି ସତ
ମାଟିରେ ଗଢ଼ିବା ବି ସେତିକି ସତ
ଏ ସଂସାର ଦୁଃଖ-ସୁଖର ବହି
ସତ-ମିଛର ନଈ
ତୋତେ ଚାଲିବାର ଅଛି
ଆଗକୁ ବଢ଼ିବାର ଅଛି
ନିଡ଼ର ହୋଇ ସାମ୍ନା କରିବାର ଅଛି
ଏ ସମାଜକୁ
    ନିଜକୁ-ନିଜର ଛାଇକୁ
କେବେ ପତର, କେବେ ପଥର ଖଣ୍ଡେ ହୋଇ

ତୁ କାହା ଉପରେ ରାଜୁତି କରିବା ଛାଡ଼ି
ନିଜକୁ ଜିଣିବା ଶିଖ୍
ହୃଦୟ କିଣିବା ଶିଖ୍
ମନର ଏରୁଣ୍ଡିବନ୍ଧରେ ସମ୍ପର୍କ ଯୋଡ଼ିବା ଶିଖ୍
ଏତକ ଏବେ ଉଡ଼ନ୍ତା ଚଢ଼େଇ

ନାରୀବାଦର ନାରାରେ ନାରାଟିଏ ହେବା
ବଡ଼ ସହଜ ଆଜିକାଲି

ପାରୁ ଯଦି ତୁ ମାନବ ବାଦର ଜୟକାର ହ'
ଅସ୍ତ୍ରଶସ୍ତ୍ରରେ ପାଉଁଶ ନ ହୋଇ
ସବୁଜିମା ହ'
ସବୁଜିମାର ଛମ୍‌ଛମ୍ ହ'
ତୁ ସମର୍ଥ, କେବଳ ତୁ ହିଁ ସମର୍ଥ
ଗୋଟେ ଟିକିଲି-ଟୋପେ ସିନ୍ଦୂରରେ
ଏ ଧରାକୁ ରଙ୍ଗୀନ୍ ଇନ୍ଦ୍ରଧନୁ କରିଦେବା ପାଇଁ

ଭୟ କଲେ ନ ଥିବା ଦେହଟେ ବି ଭୂତ
ପ୍ରମାଣ ଖୋଜିଲେ
ସବୁକିଛି ଭୁଲ୍ ସମସ୍ତେ ପର
ବର୍ଷା ବି ଧୁ ଧୁ ଖରା
ବିଶିଷ୍ଟ ପ୍ରତାରକ ଋତୁରାଜ ବସନ୍ତ
ଆଉ
ଦେଖି ଜାଣିଲେ, ଘନ ଅନ୍ଧାରରେ
କେଉଁଠି ନା କେଉଁଠି ଜଳୁଥାଏ ଦୀପ
ଆପଣେଇପାରିଲେ, ଅନ୍ଧାରର ଛାତି ଚିରି
ଉଧଉଥାଏ ସୂର୍ଯ୍ୟ ଜହ୍ନ ସହ ଜହ୍ନଟିଏ ହୋଇ

ଝିଅ ! ଭାଙ୍ଗିବା ତ ସମସ୍ତେ ଜାଣନ୍ତି
ତୁ କିନ୍ତୁ ଗଢ଼ଣର ଦେବୀ
ମନେରଖିବୁ... ନିଜକୁ କେବେ ଭୁଲିଯିବୁ ନାହିଁ ॥

■

ବୁଦ୍ଧଗତି

ଏ ପ୍ରେମ ସେ ପ୍ରେମ ନୁହେଁ
ସେ ପ୍ରେମ ଏ ପ୍ରେମ ନୁହେଁ
ଏ ପ୍ରେମ - ସେ ପ୍ରେମର ଗୋଲକଧନ୍ଧାରେ
କେହି ଜଣେ ନିତି ଧନ୍ଦି ହୁଏ

ଠିକଣାଟେ ବାଛିବାକୁ ଚାହୁଁ ନଥିବା ହୃଦୟ
ନିଃଶ୍ୱାସ କି ବିଶ୍ୱାସର ପର
କାଟିବାକୁ ଉଠୁନଥିବା ହାତ
ନିଜକୁ ନିଜେ ଶୋଷି
ଶୁଖିଲା ନଈଟେ ପରି
କେଉଁଠି ନା କେଉଁଠି ମୁଠେ ବାଲି ହୋଇଯାଏ
ପାଦେ ଆଗକୁ ବଢ଼ିଲେ
ପାଦେ ପଛକୁ ମୁହାଁଏ

ସେ ଠିକ୍ ସେମିତି
ସେଇଠି ହିଁ ରହିବାକୁ ଚାହେଁ
ଯେଉଁଠି ଚନ୍ଦ୍ର ଆଉ ସୂର୍ଯ୍ୟ ପୃଥିବୀର ହୁଏ
କାହାକୁ ହାତଛଡ଼ା କରିବାର
ଚୁକ୍ତି ହିଁ ନଥାଏ
କେଉଁ ସର୍ତ୍ତର ପୃଷ୍ଠଭୂମିରେ ତ ବୀଜାଏନି ପ୍ରେମ
ସେଠି ଏମିତିକା ସୀମାରେଖା କିଏ ଟାଣିଦିଏ ?

ପଟେ ରକ୍ତ-ମାଂସର ଝିଅ
ଆରପଟେ ହୃଦୟର ନିଅଁ
କାହାକୁ ଗୋଟେ ତ ବାଛିବାକୁ ହେବ
ଦେଖ ! ବଡ଼ ଧାରୁଆ କାହା ନ ଥିବା ପଣର ନଖ
ଯହିଁରେ ସମୟର ଛାତି ଦାଗେଇଯିବାକୁ ବାଧ

ଏବେ ତୁମେ ଲୁମ୍ବିନୀର ଭାଗ୍ୟ କଥା କୁହ
କି
କୁହ ସେ ସମସ୍ତ ରାସ୍ତାର ଭାଗ୍ୟ
ଯେଉଁଥିରେ ପାଦ ଥାପି
ପ୍ରତି ସିଦ୍ଧାର୍ଥଙ୍କ ବୁଦ୍ଧଗତି ହୁଏ

କାହାକୁ ନିଶ୍ଚୟ ଦିଶୁଥାଇପାରେ
ଓସ୍ତ ଗଛ ଛାଇରେ ଦିବ୍ୟ ଆଲୋକର ଧାରା
ହେଲେ... ଯଶୋଧାରା ମାନେ ତ
ଦେହରେ ଦାହରେ ନ୍ୟାୟରେ ଅନ୍ୟାୟରେ
ପ୍ରାପ୍ତିରେ ଅପ୍ରାପ୍ତିରେ ପ୍ରେମରେ ଅପ୍ରେମରେ
ଯୌବନରେ ବୃଦ୍ଧାବସ୍ଥାରେ ମାତୃତ୍ୱରେ ବନ୍ଧ୍ୟାରେ
ସେଇଠି ନିସ୍ୱ ସଦାବେଳେ

ଜୀବନ-ମୃତ୍ୟୁର ଦୋଛକିରେ
ଲଟକିଛି ସେ ସମସ୍ତ ବୁଦ୍ଧଙ୍କର ତ୍ୟାଗ
କେଉଁ ଏକ ପ୍ରାନ୍ତରେ ଚିପୁଡ଼ା ହୋଇଥିବା ଆତ୍ମା
ଅନ୍ୟ କେଉଁଠି ପ୍ରତାରକ ତାଲିକାରେ ଲିପିବଦ୍ଧ

ଠିକ୍ କ'ଣ ଭୁଲ୍ କ'ଣ
ସତ କିଏ ମିଛ କିଏ... ଏସବୁର ମାନେ କ'ଣ ?
ଏମିତି କିଛି ବୋଲି କିଛି ହିଁ ନଥାଏ

ଭଲର ସଂଜ୍ଞା ମୁଣ୍ଡେଇଥିବା କେହି
ଆପେ ଆପେ କାହାଲାଗି ବଞ୍ଚର ଭୂଇଁ ହୋଇଯାଏ

ହାଏରେ ! ଏ ପ୍ରେମ
ପୃଥିବୀର ଭ୍ରମ, ଆକାଶର ଭ୍ରମ
ପୁଣି ପ୍ରେମ ବିନା ପବନ ବି ରୁନ୍ଧି ହୋଇଯାଏ

ଯାବତୀୟ ବାଦ-ବିବାଦକୁ ଗୋଟଉ ଗୋଟଉ
ପାଖେ ସୂର୍ଯ୍ୟାଲୋକ ପାଖେ ଚନ୍ଦ୍ରମାର କାଳିମା ନେସି ହୋଇ
ଆଜୀବନ ପ୍ରତିଟି ପୃଥିବୀକୁ ବଞ୍ଚିବାକୁ ହୁଏ
କେଉଁ ଏକ ପୃଥିବୀରେ ପ୍ରେମ ବିଞ୍ଚିବାକୁ ହୁଏ

ଏ ପ୍ରେମ ସେ ପ୍ରେମ ନୁହେଁ
ସେ ପ୍ରେମ ଏ ପ୍ରେମ ନୁହେଁ
ଦ୍ୱନ୍ଦ୍ୱ-ଦୁଣ୍ଡୁଭର ଚେଟ ସହି
ମର୍ତ୍ତ୍ୟରେ ଦେହଧାରୀ ପ୍ରତ୍ୟେକଙ୍କର ହିଁ
ନିଜ ନିଜ ପ୍ରେମରେ ବୁଦ୍ଧଗତି ହୁଏ ॥

ତାଜା ରକ୍ତରେ ଭିଜିଗଲେ ମାଟି

ଧର୍ମର ଧାରରେ
କଟିଗଲା ବେଳେ ହାତ-ଗୋଡ଼-ବେକ-ଦେହ
ହତ୍ୟା ହେଲାବେଳେ ମାନବିକତା
କେଉଁଠି ଥାଆନ୍ତି ଈଶ୍ୱର
କ'ଣ କରୁଥା'ନ୍ତି ଆଲ୍ଲା

ତାଜା ରକ୍ତରେ ଭିଜିଗଲେ ମାଟି
ଛିଣ୍ଡିପଡ଼ିଲେ ଆକାଶ
ଭୁଷୁଡ଼ିଗଲେ ଦେଶ
କେମିତି ମନ୍ତ୍ର ଉଚ୍ଚାରନ୍ତି ପୂଜକ
କେମିତି ବାଜେ ମନ୍ଦିରର ଘଣ୍ଟି
କେମିତି ନମାଜ ପଢ଼ନ୍ତି ଇମାମ

ମୁଁ ବୁଝେନି ବୁଝି ବି ପାରେନି
କାହିଁକି ଏକା ଲହୁ-ଲୁହର ମଣିଷମାନେ
ନିଜକୁ ହାଣି-କାଟି ମୃତ୍ୟୁ ପାଲଟନ୍ତି
ଶାନ୍ତି-ସ୍ତୂପରେ ଶଇତାନ ଥାପନ୍ତି
ମା'ର କୋଳ ଉଜାଡ଼ନ୍ତି
ସଫେଦ କରନ୍ତି ସିନ୍ଦୁରର ରଙ୍ଗ

ଧର୍ମ, ଜୀବନ ଜିଇବାର ରାସ୍ତାଟେ କେବଳ
ଜୀବନ ନୁହେଁ
କ'ଣ ଏତକ ଏବେ ବି ବୁଝିବାର ନୁହେଁ ?

■

ଖଣ୍ଡେ ନିଆଁ ଛିଟିକି ପଡ଼ିଲେ

ସେମାନେ କୁହନ୍ତି
ସୁରକ୍ଷିତ ଦୂରତାରେ ରହିବାକୁ ହେଲେ
ଖଣ୍ଡେ ନୀରବତା ପିନ୍ଧିବାକୁ ପଡ଼େ
ନିଜ ଭାଗର ଜିଭ କାମୁଡ଼ି
ରକ୍ତାକ୍ତ ହେବାକୁ ପଡ଼େ

ଜାଣିଛ ତ !
ଆଜିକାଲି କ'ଣ କ'ଣ
କାହିଁକି ଘଟୁଛି ଦେଶରେ

ଧର୍ମ-ଜାତିର ପିଆଲାରେ
ଭାଷା ବଙ୍ଗଳାରେ
ବିଭକ୍ତି କରଣର ଇଲାକାରେ ସୁନାମୀ
ମୁଁ ଚୁପ୍‌ଚାପ୍ ମରି ସରି ଜିଇଯାଉଛି କବିତା ଖାତାରେ
ଝୁଲୁଛି ପବନ-ଦୋଳିରେ
ସେମାନେ କୁହନ୍ତି
ସୁରକ୍ଷିତ ଦୂରତାରେ ରହିବାକୁ ହେଲେ
ଫୁଲଟେ ହୋଇ ଫୁଟିବାକୁ ପଡ଼େ ଆଗ୍ନେୟଗିରିରେ

ଜଳୁଥିବା ବସ୍ତି-ଗାଁ-ସହରରୁ
ଖଣ୍ଡେ ନିଆଁ ଛିଟିକି ପଡ଼ିଲେ

ଧୂଆଁ-ଧାସରେ ଦେହ ତରଳି
ବୋହି-ବୋହି ଗଲେ
ଛାତି ଓ ଛାତ ଭୁଷୁଡ଼ି ପଡ଼ିଲେ
ଆଜି ଯାହା ଯାହା ସେଇଠି ହେଉଛି
ସେସବୁ କେବେ ଏଠି ଆଉ କାହା ସହ ହେଲେ ?

ନିଆଁର କୌଣସି ନିର୍ଦ୍ଦିଷ୍ଟ ଠିକଣା ନଥାଏ
ତା'ର ଶିକାର କେହି ବି
କେବେ ବି ହୋଇଯାଇପାରେ...

ଜାଣିଛ ତ !
ଆଜିକାଲି କ'ଣ କ'ଣ
କାହିଁକି ଘଟୁଛି ଦେଶରେ ॥

■

ଦୁନିଆଁର କୋଲାଜ୍

(୧)
ମୋ ପ୍ରେମରୁ ପ୍ରେମ ଶିଖି
ସେ ଗୋଲାପର ଝରା ରୁଣ୍ଡଉଁଥିଲା ବେଳେ
ତା' ପୃଥିବୀରେ
ମୁଁ ଗୋଟି ଗୋଟି ତାକୁ ହିଁ ସାଇତି ରଖିଛି ମନ୍ଦିର ଭିତରେ
ଚଢ଼େଇ ହେଉ କି ସମୁଦ୍ର
ପ୍ରେମ କେବଳ ପ୍ରେମ କରିପାରେ

(୨)
ଲୁଣ ପରି ନାରୀ
ଟିକେ କମ୍ କି ଟିକେ ଅଧିକ
କଣ୍ଟା ପରି ଫୋଡ଼ି ହୁଏ ଦୁନିଆଁ ଆଖିରେ

(୩)
ଯେତିକି ଲୋଡ଼ା
ସେତିକି ସାଇତି ରଖିଲେ ଭଲ
ଅଧିକ ହେଲେ ଖଞ୍ଜର ପାଲଟି
ଛାତି ବିନ୍ଧ କରନ୍ତି ଈଶ୍ୱର

(୪)
ଧର୍ମ କହିଲେ ଖଣ୍ଡେ ନିଆଁ ଆଜିକାଲି
ଜୀବନ ଜିଇବାର ରାସ୍ତା ହେଉ ହେଉ,
କେମିତି କେବେ ଯେ ଜୀବନ ଜାଳିଦେଲା, ଜଣାନାହିଁ ?

(୫)
କେହି ଜଣେ ବିଞ୍ଛିଦେଉଛି ଖରା ଆଉ ଖରା
ଯିଏ ଖରା ପିଇ ଛତା ପରି
ମୋତେ ଆଶ୍ୱସ୍ତ କରୁଛି, ସେ କିଏ ?

(୬)
ଆତ୍ମହତ୍ୟା ଗୋଟେ ଯୋଜନାବଦ୍ଧ ହତ୍ୟା
ଆତ୍ମାର କଣିକାମାନଙ୍କୁ ବଳାତ୍କାର କଲାପରେ
ଶରୀରରେ ଆଉ କ'ଣ ଯେ ବାକି ଥାଏ !

ତୁମେ ବୋଧେ ଜାଣିନ ପ୍ରେମିକ

ତୁମ ଛୁଆଁରେ
ଶିହରି ଯାଇଥିବା ପ୍ରତିଟି ମୁହୂର୍ତ୍ତ
ସମୟ-ଖାଇରେ ଆତ୍ମହତ୍ୟା କରିବା ପୂର୍ବରୁ
ମୋ ହାତରେ କଲମ
ମୋ କବିତାର ଦେହ ସାରା ତୁମର ହିଁ ଚୁମା

କେଜାଣି ସେ କେଉଁ ରଙ୍ଗୀ ଚୁମା
ଯା'ର ଚର୍ଚ୍ଚାରେ ହଲିଗଲା ସହର
ଜଳିଗଲା କିଛିଙ୍କ ଛାତିର ପଲମ

ତୁମେ କାହିଁକି
ସେମାନଙ୍କ ମଲମର ଘା' ହେଲ
ସେତକ ପଚାରିନି କେବେ
ହେଲେ ମୋ ମନର ଘା'
କେବଳ ଆଉ କେବଳ ତମକୁ ଲୋଡୁଛି,
ଏତକ କେମିତି ଜାଣିଲ ?

ତୁମେ ବୋଧେ ଜାଣିନ ପ୍ରେମିକ
ଓଠରେ ଓଠର ଚିତ୍ରହାର ଆଙ୍କିବାର କଳା
ମୁଁ ତମଠୁ ଶିଖିଛି
ଓଠରୁ ଓଠ ଖସେଇ ଆଣିବାର ବାଟ
ତୁମେ ତିଆରିଛ

ମୋତେ କୁହ !
କେତେ କେତେ ସତେଜ ସକାଳ
ଅଣ୍ଟିରେ ଢାଳି ଦେଲାପରେ
କେଉଁ କେଦାରନାଥର କ୍ଷଣିକ ଦୁର୍ବିସହ ହୋଇ
ସବୁକିଛି କାହିଁକି ବୁହେଇ ନେଉଛ ?

ମୋ ପାଦ ପରେ ପାଦ ଥୋଇ
ଆଖିରେ ଆଖି ଲୁଟି ନେଲାବେଳେ
ଧୈର୍ଯ୍ୟର ଚୁନୁରୀକୁ କୁଆଡ଼େ ଉଡ଼େଇ ଦେଉଛ ?

ହେ ମୋର ଯୁଗକର ଭ୍ରମ
ଆଖିଏ କଜ୍ଜ୍ୱଳ
ଓଠେ ଲିପ୍‌ଷ୍ଟିକ୍ କରି
ତୁମକୁ ପିନ୍ଧି ଦେଇଛି ଯେ
ଈର୍ଷାରେ ମରିଯାଉଛି ପବନ
ମୁଁ ଏବେ ଘୋର ଚିନ୍ତାରେ...
ଶାଢ଼ୀ ପରି ତୁମକୁ ପିନ୍ଧି ଦେଲା ପରେ
କ'ଣ ଯେ ହେବ ?

■

ଦାରୁଣ ଉତ୍ସବ

ଆଇଏଏସ୍‌ର ସ୍ୱପ୍ନ ପିନ୍ଧି
ହଷ୍ଟେଲ ଯାଇଥିବା ଝିଅ
ଆଉ ଘରକୁ ଫେରିନି
ଏବେ ସେ,
ଶୋଭାଯାତ୍ରା
ଆନ୍ଦୋଳନ
ଅନଶନ
ସମୟ ଆଖିରେ କବିତାର ଲୁହ
କେତେ କେତେ ମନଗଢ଼ା କଥା ଓ କାହାଣୀ

ଫେସ୍‌ବୁକ୍ ଖେଳଉ ଖେଳଉ
ମୁଁ ନିରେଖି ଦେଖିଲି ତା' ମା'ର ମୁହଁ
ଛାତିଫଟା କରୁଣ ଚିତ୍କାରରେ
ନୀରବି ଯାଉଥିବା ଦେହ
ଆଶା-ଆକାଂକ୍ଷା-ଭରସା ବେକରେ
ରସି ଲଗେଇଦେଇ
ଅକସ୍ମାତ୍ ଗର୍ଭପାତର କଷ୍ଟ ଭୋଗୁଛନ୍ତି ମୁହୂର୍ତ୍ତମାନେ
ଯାହାକୁ ଧୋଇପାରିବନି
କାହିଁ କେତେ ଯୁଗର ଧାରା ଶ୍ରାବଣ
ସେ ମା' ବଞ୍ଚିଛି ନା ଗୋଟେ ଅଧାଜଳା ଶବ
ଯିଏ ନ୍ୟାୟର ଓଦା କାଠରୁ
ମାଗିବସିଛି ଡାଳେ କିରୋସିନି

ଧୂଆଁଳିଆ ଆକାଶକୁ ଋଞ୍ଜଲ୍ୟକର ଦୁନିଆଁ
ସି.ଏଫ.ଏଲ୍ ବଲ୍‌ବର ଆଖି ଝଲସା ଆଲୁଅରେ
କ୍ରମଶଃ ହସ୍ତିନାପୁର ପାଲଟି ଯାଉଛି ପୃଥିବୀ
ଯୁଆଡ଼େ ଋହିଁବ ସିଆଡ଼େ ଆତ୍ମହତ୍ୟାର ଦାରୁଣ ଉତ୍ସବ

ଗର୍ବ-ଅଭିମାନ-ଅହଂକାରର ପଳାସ ଫୁଲରେ
ଦେଖେଇ ହେଉଥିବା ହତ୍ୟାକାରୀମାନେ
କ'ଣ ଏତେ ଜରୁରୀ ଥିଲା ର୍‌ୟାଗିଙ୍ ?
ଜୀବନର ଆରପାରିରେ
କିଛି ବୋଲି କିଛି ବି ନ ଥାଏ - ଏତକ
କେମିତି ସ୍ୱପ୍ନିଳ ଝିଅଟେ ବୁଝିପାରିଲାନି ?

■

ମହାରାଜ ଦୁଷ୍ୟନ୍ତ ତ ନୁହଁ ?

ଏ ଧାର ଧାର ବର୍ଷା କବିତା ହେବା ଥୟ
କେବେ କାଗଜଡ଼ଙ୍ଗା
କେବେ ନଈର ଛାତି ହେବା ଥୟ
ଓଳିତଳ ପାଣି ଫୋଟକାକୁ
ମୁଁ ଯେତେଥର ନିରେଖି ଦେଖିଛି
ସେତେଥର ଏକାକାର କୋହ ଆଉ ମୋହ

ମୋହ-ନାଆରେ ସବାର ହେଇଛି ମୁଁ
ବିନା ଥଳ-କୂଳରେ ବାରବାର ବେହାଲ ହେଇଛି ମୁଁ
ଆଇସ୍‌କ୍ରିମ୍ ପରି ମିଳେଇ ଯାଉଥିବା କ୍ଷଣରେ
ଆଇସ୍‌କ୍ରିମ୍‌ର ଲୋଭ
ଆଖିପିଛୁଳାକେ ବାହି ନେଉଛି ମୋତେ କେଜାଣି କୁଆଡ଼େ
ଓଃ ବୁଡ଼ିଯାଉଛି ମୁଁ
ମୋ ସାମ୍ନାରେ କେତେ କେତେ ମୁକୁଳା ଝରକା ନିବୁଜ କବାଟ
ଦେଖିନ ?
ଛିଣ୍ଡା ଗୁଡ଼ିଟେ ଲାଗି ଧୀରେଧୀରେ କେମିତି ସରିଯାଉଥାଏ
ସୁଦୀର୍ଘ ସୁନୀଳ ଆକାଶ ।

ଅନ୍ୟମନସ୍କତାର ଦାୟରେ
ମଧ୍ୟମାରୁ ଖସିପଡ଼ିଛି ରତ୍ନଖଚିତ ମୁଦି
ଯାହାକୁ ଗିଳିଦେଇ ମହଙ୍ଗା ପାଲଟିଯାଇଛି ମାଛ

କେଉଟଠୁ ଡର ମୋତେ
ଜାଲଠୁ ଭୟ
ମୁହୂର୍ତ୍ତ-ମୁକୁଟର ଫେଟ ଆଉ କେତେ କ୍ଷତ ଦେବ ?
ବନିଶୀ କଣ୍ଟାରୁ ଦାନା ଖାଉଥିବା
ସେ ପ୍ରତ୍ୟେକ ମାଛ ଯେ ଇପ୍‌ସିତ -
ଏ କଥା ବିଲ୍‌କୁଲ୍ ମିଛ

କିଛି ନା କିଛି ହରେଇବାର ଦୁଃଖ
ସଭିଙ୍କ ଅଣ୍ଟିରେ ଲହଡ଼ି ଭାଙ୍ଗୁଛି
ସଭିଁଏ ଜଣେ ଜଣେ ଶକୁନ୍ତଳା ଏଠି
ସମୟ-ଢେଉରେ ଘଡ଼ଘଡ଼ି ବଦଳୁଥିବା ପୃଥିବୀ
ହସ୍ତିନାପୁରର ମହାରାଜ ଦୁଷ୍ୟନ୍ତ ତ ନୁହଁ ?

■

ବର୍ଷାର କୋଲାଜ୍

(୧)
ଆଜି ଯିଏ ତାଲୁରୁ ତଳିପା
ମୋତେ ଓଦା ସରସର କଲା
ସେ ବିଲକୁଲ ବର୍ଷା ହିଁ ନଥିଲା
ଭିଜଉଥିବା ସବୁ ଋତୁ ବର୍ଷା ଋତୁ ନୁହଁ ॥

(୨)
କେଉଁ ଆକାଶରେ ଇନ୍ଦ୍ରଧନୁ
କେଉଁଠି ବତୁରି ଯାଉଥିବା ଆଶା
ସୂର୍ଯ୍ୟ ସହ ସୂର୍ଯ୍ୟ, ଚନ୍ଦ୍ର ସହ ଚନ୍ଦ୍ର ହେଉଥିବା ଜୀବନ ଲାଗି
ପ୍ରେମର ମାନେ,
କେବଳ ଆଉ କେବଳ ମଜବୁତ୍ ଛାତଟେ
ମୁଠାଏ ଦାନାର ନିଶା ॥

(୩)
ନଥିବା ପ୍ରେମିକର ଦାଗ
ଶ୍ରାବଣରେ ନିଆଁ
ଯାହାକୁ ନେଇ ଏଯାଏ ଲେଖିହେଉନି
ଧାଡ଼ିଏ କବିତା ॥

(୪)

ଏ ଆଖିର କାହାଣୀ ଟୋପାଏ ପାଣି
ସୁଖ କି ଦୁଃଖ କେହି ପଚାରନା
ନିଜ ଲୋକ ଦେଇଥିବା ଘା'ର ଶୋଷ
କେତେ କେତେ ଧାରା ଶ୍ରାବଣ ବି ମେଣ୍ଟେଇ ପାରେନା ॥

(୫)

କେଜାଣି କିଏ ସେ
ଚୋରେଇ ନେଉଛି କାଗଜଡଙ୍ଗାର ମନ
ମୋବାଇଲ୍ ସ୍କ୍ରିନ୍ ସହ ସ୍କ୍ରିନ୍ ହୋଇ
ଲୁଚିଯାଉଛି କଅଁଳ-ବୟସର ଜହ୍ନ ॥

(୬)

ପାଣି ଫୋଟକା ଜୀବନରେ
ପ୍ରାପ୍ତି-ଅପ୍ରାପ୍ତିର ମାନେ କ'ଣ
ହାରିବାର କାରଣ ସିଏ
ଜିତିଲେ ତା'ରି ଜୟଗାନ ॥

(୭)

ମାଟିର ବାସ୍ନାରେ ବିଭୋର କବିକୁ
ବର୍ଷାର ମୂଲ୍ୟ ପଚାରୁଛ ?
ଆଖିରୁ ହେଉ କି ଆକାଶରୁ
ବର୍ଷା ହିଁ କବିତାର କ୍ଷେତ... ॥

■

ମଣିଷ-ପଦ୍ମ

ଯେବେ
ପ୍ରେମରୁ ପରଦା ଉଠିବ
ସାତ ତାଳ ପଙ୍କ ତଳୁ ସେଇ ସିନ୍ଦୁକ ମିଳିବ
ଯହିଁରେ ଚିକ୍‌ଚିକ୍ ଫରୁଆ ଭିତରେ
ଜୀବନର ବୀଜ ବନ୍ଦୀ ଥିବ
ଯେଉଁଦିନ
ନୀଳବର୍ଣ୍ଣ ଶୃଗାଳର ବୋହିଯିବ ରଙ୍ଗ
ମିଛକୁ ହରେଇ ବାଜିବ ସତ୍ୟର ମୃଦଙ୍ଗ
ବିଭାଜନର ସୂକ୍ଷ୍ମ ପରତ ଛିଡ଼ିଛାଡ଼ି
ରକ୍ତ ଓ ରକ୍ତ ଏକାସାର ହେବେ
ଟୋପାଟୋପା ଲୁହର ନଦୀରେ
ସବୁକିଛି ଏକାକାର ହେବ
ସେଇଦିନ... ପୃଥିବୀରେ ମଣିଷ ନାମକ ପଦ୍ମଟେ ଫୁଟିବ

ମାଟିରେ ଅପେକ୍ଷା
ଆକାଶରେ ଦୀକ୍ଷା
ପାଣିର ନିର୍ଜଳା ଉପବାସ
ପବନରେ ଗରମ ନିଃଶ୍ୱାସ
ଆଉ
ମୋ କବିତା ଖାତାରେ
ତୁମ ଅପହଞ୍ଚ ଧାଡ଼ିସବୁ ଏବେ ବି ନିଶବ୍ଦ

ଗୋଟେ ନିହାତି ଅବୁଝାପଣରେ
ଛଟପଟ ପଥର ଖଣ୍ଡେ ମୁଁ
କୁହ ? ମୋତେ ମୁକ୍ତି ଦେବ ?

ଇପ୍‌ସିତ ମୋହରେ
କେବେ ମୁଁ ଧୁ ଧୁ ମରୁଭୂମି
କେବେ ମରୀଚିକା
କେବେ ରାଜବାଟୀ
କେବେ ଅଶୋକ ବାଟିକା
ଆପଣା ନାଭିରେ ଶହେ କଦମ୍ବର ବାସ୍ନାକୁ ଧରି
ତୃଷ୍ଣାର ନଈକୂଳେ
ସଭିଏଁ ଗୋଟେ ଗୋଟେ ମୃଣ୍ମୟ-ମୂର୍ତ୍ତିକା
ମୋତେ ମୋ ପରି କୋଳେଇ ନେବାକୁ
ଜନ୍ମ ପରେ ଜନ୍ମ...
ତୁମେ କେତେ ଜନ୍ମ ନେବ ?

ଜନ୍ମ-ମୃତ୍ୟୁର ଦୋଛକିରେ
ଘନ ବାଦଲକୁ ଭେଦି
କେବେ ନା କେବେ ତ
ସେଇ ନୂଆ ସୂର୍ଯ୍ୟଟେ ଉଇଁବ !
ସେଇଦିନ ପୃଥିବୀରେ
ମଣିଷ ନାମକ ପଦ୍ମଟେ ଫୁଟିବ ॥

■

ସ୍ୱପ୍ନଠୁ ସତ କେତେ ଦୂର

ଅଳତାରଙ୍ଗର ସ୍ୱପ୍ନରେ ଝଲସି ଉଠୁଛି ଘର
ସ୍ୱପ୍ନଠୁ ସତ କେତେ ଦୂର ?

ଦୂରତାର ଦୀର୍ଘଶ୍ୱାସରେ
ଉଜୁଡ଼ା ବିଶ୍ୱାସକୁ ଫେଣ୍ଟିଫାଣ୍ଟି
ମୁଁ କେବେଠୁ ଥୋଇଦେଇଛି
ଘରର ନିଷିଦ୍ଧ କୋଣରେ
ପାଲଟି ଯାଇଛି,
ମାଛ ଗିଳି ଦେଇଥିବା ରତ୍ନମୁଦିର ରହସ୍ୟ
ରାଣ ଦେଲା ପରି
କେହି ଜଣେ ବନ୍ଦ ରଖିଛି ଝରକା-କବାଟ
ଭାଙ୍ଗିଦେଇଛି ସେଠାକୁ ଯାଉଥିବା ଯେତେକ ପାହାଚ
ଏ ମୁଣ୍ଡରୁ ସେ ମୁଣ୍ଡ ଯାଏ ସଭିଏଁ
ଏଠି ଗୋପନ-ଚିଠିର ଶିକାର

ଦୁଃଖ,
ଆମାଜୋନ୍‌ର ଘଞ୍ଚ ଜଙ୍ଗଲ
ଯେଉଁଠି ଯେଉଁଠି ଅପହଞ୍ଚ ସୂର୍ଯ୍ୟ
ବାଛନ୍ଦ ଜହ୍ନ
ସେଇଠି ସେଇଠି ଉଜ୍ଜ୍ୱଳତମ ହସ
ତୁମକୁ ତ ଜଣାନାହିଁ

ହସର ପରଦା ସେପଟେ
ଲୁହର ଏକ ବିରାଟ ଦୁଆର

ତୁମେ ସିଏ
ଯିଏ ଭୁଲିଯାଅ ପ୍ରତିଥର
ତୁମକୁ ମନେପକେଇ ଦେବାକୁ
ମୁଁ କ୍ଷଣ କ୍ଷଣ ମାଟି ବାଲି ଗୋଡ଼ି ପାଣି ଓ ପଥର
ମୁଁ ତୁମର ମନେପଡ଼େ କି ନା ଜାଣିନି
ତୁମେ କିନ୍ତୁ ସତରେ ଭାରି ମନେପଡ଼

ତୁମେ ବୁଝିପାରନା
ମୟୂରର ଛମଛମ ନାଚ
କହିପାରନା ମେଘର ବୟସ
ପଢ଼ିପାରନା ଆଖିର କବିତା ଓଠର କାହାଣୀ
ବିଦେହର ବିଷ, ଦେହର ପିୟୁଷ
ମୁଁ କିନ୍ତୁ ଭସା ବାଦଲକୁ ଯାଚି ଦେଇ
ମୋ ଭାଗର ଆୟୁଷ
ସପ୍ତମ ଋତୁର ଚମକରେ
ଅହରହ ଲେଖୁଥାଏ ତ୍ରୟୋଦଶ ମାସର ନିଃଶ୍ୱାସ

ନିଃଶ୍ୱାସଠୁ ପ୍ରଶ୍ୱାସର ରାସ୍ତା ମାଗେ କି ମୂଲ ?
ରାତିଟେ ଦିନ ହେବାକୁ ଲୋଡ଼ା କେତେ ନିଦର ଆସର ?
ତୁମେ ହିସାବ ନିକାସ କରୁଥାଅ
ତୁମ ପ୍ରିୟ ରଫ୍ ଖାତାରେ
ମୁଁ ମୋ ଭିତରର ଲକ୍ଷ ଲକ୍ଷ ସ୍ୱପ୍ନକୁ ଯୋଖିଥାଏ ଟୀର... ॥

■

ଶାଢ଼ୀ

ଶାଢ଼ୀ କହିଲେ ଗୋଟେ ଦେହ
ଦେହରେ ଗୁଡ଼େଇ ହୋଇ
ଯିଏ ଅହରହ ବଢ଼େଇ ଚାଲିଥାଏ ଦେହର ମୋହ
ଶାଢ଼ୀ କହିଲେ ସଭ୍ୟତାର ଅଳକାପୁରୀ
କାଉଁରୀ ବିଦ୍ୟାର ସାମ୍ରାଜ୍ୟ
ବର୍ଷ ବର୍ଷ ଧରି ଯିଏ ଶୋଷୁଥାଏ
ଖରା-ବର୍ଷା-ବସନ୍ତର କୋହ

ତୁମେ କେଉଁ ଶାଢ଼ୀ କଥା କହୁଛ
ମୁଁ ଜାଣେନା
ଏମିତିରେ ବି ମୁଁ ବେଳେବେଳେ ଶାଢ଼ୀ ପିନ୍ଧେ
ଆଉ ସେ କହୁଥାଏ, "ଆଉଥରେ ପ୍ଲିଜ୍,
ଶାଢ଼ୀରେ ତୁମେ ଭାରି ଭଲ ଲାଗ"
କହିଲ !
ସତରେ କ'ଣ ଶାଢ଼ୀ ପିନ୍ଧି ଶାଢ଼ୀ ହୋଇଯିବା
ଏଡ଼ିକି ସହଜ ?

କେତେ କେତେ ଆଖି-ନାକ-କାନକୁ ବୋହି ବୋହି
ଉଡୁଥାଏ-ବୁଡୁଥାଏ ଶାଢ଼ୀ
ହଜୁଥାଏ-ଭିଜୁଥାଏ
ଯୋଡ଼ି ହେଉଥାଏ - ଫେଡ଼ି ହେଉଥାଏ ଶାଢ଼ୀ
କେବେ ମିଳେନା ମନପସନ୍ଦର ସାୟା ତ

କେବେ ଖଣ୍ଡେ ନିଖୁଣ କଳାତ୍ମକ ବ୍ଲାଉଜ୍
ଯୋଗାଡୁ ଯୋଗାଡୁ
ଧୂଆଁ ହୋଇଯାଏ ଶାଢ଼ୀର ବୟସ

ଅଗଣିତ ଜିଭରେ ତାଲା ମାରି
ଛବି ହଡ଼ପି ନେଲାବେଳେ
ଶାଢ଼ୀ ଅତିକ୍ରମି ଯାଉଥାଏ ଏକ ଅଜବ ସମାଜ
ହଜମି ଯାଉଥାଏ ଯେତେକ ଗୁଜବ
ଜହର ପିଇ ପାଲଟୁଥାଏ ନୀଳକଣ୍ଠ
ଫୁଲରେ ଚଢ଼ୁଥାଏ ପଥରର ରଙ୍ଗ
ମୁଁ କ'ଣ କେମିତି କେଉଁଥିରେ ଲେଖିବି
ତୁମେ ଯେ କୂଅ-ଛାତିରେ ପାଦ ଥୋଇ
ପାଣିର ସଂଜ୍ଞା ପଚାରୁଛ

ଅଳି-ଅଝଟ ସମ୍ପର୍କର ପାହାଚଠୁ ଆରମ୍ଭି
ମାଂସର ଖେଚୁଡ଼ି ହାଣ୍ଡିଯାଏ ବଢୁଥାଏ ଶାଢ଼ୀ
ମୁଣ୍ଡର ଶୋଭା ବଢ଼ଉ ବଢ଼ଉ
ଗଳାର ଫାଶ ପାଲଟୁଥାଏ ଶାଢ଼ୀ
ଭୋକର ଭୂଗୋଳଠୁ ଭିକର ଥାଳ ଯାଏ
ଦାମ୍ଭିକତାର ମାଳଠୁ ରାଜନୀତିର ତାସ୍ ଖେଳ ଯାଏ
ଚଢୁଥାଏ ଶାଢ଼ୀ
ତୁମେ ଯେ ଖାଲି
ଆଲମାରୀରେ ଟଙ୍ଗା ଚିକିମିକି ଶାଢ଼ୀକୁ ଦେଖୁଛ !

ଶାଢ଼ୀ ହିଁ ସହିଛି ଭୋଗିଛି ଆରମ୍ଭିଛି ଓଲଟେଇଛି
ଅଗ୍ନିପରୀକ୍ଷାଠୁ ବସ୍ତ୍ରହରଣର ଫର୍ଦ୍ଦ
ତଉଲିଛି ନଈଠୁ ନେଇ ସମୁଦ୍ରର ଭାଗ୍ୟ
ଲେଖିଛି ଆଉ ଲିଭେଇଛି ଯୁଗ ପରେ ଯୁଗ
କଳା, ଧଳା, ନାଲି, ନେଳି ସବୁଜ...
ଯେଉଁ ରଙ୍ଗୀ ହେଉନା କାହିଁକି

ସମ୍ବଲପୁରୀ, ପଶାପାଲୀ, କୋହ୍ଲାପୁରୀ
ଚନ୍ଦେରୀ, ବନାରସୀ...
ଯେଉଁ ଢଙ୍ଗୀ ହେଉନା କାହିଁକି
ପୃଥିବୀରୁ ଆକାଶ ମୁଖୀ ହେଲାବେଳେ
ଖସିପଡ଼ି ଲହୁଲୁହାଣ ହେଲାବେଳେ
ଘୁଷୁରି ଘୁଷୁରି ଚିରିଫାଟି ଛିଣ୍ଡି ଗଲାବେଳେ
ଶାଢ଼ୀଟେ ବି ଲୋଡ଼ିବସେ
ତା' ଅତି ଆପଣାର ଶାଢ଼ୀର ପଣତ

ବୁଝିଲ ତ !
ଶାଢ଼ୀକୁ ନେଇ ସମ୍ପୂର୍ଣ୍ଣ କବିତାଟେ ଲେଖିବା
କ'ଣ ସତରେ ସମ୍ଭବ ?

ନୀରବ ଶବ୍ଦର ଅସହାୟତା କୁହ
କି
ଛାତିଫଟା ଚିତ୍କାର
ଲାଜର ଗ୍ରହୀତା କୁହ
କି
ନିର୍ଲ୍ଲଜତାର ବିହାର
ଶାଢ଼ୀ କହିଲେ ମୁଁ
ଥରରୁ ଥର ତରଳି ଯାଇ
ଧୂଆଁ ପାଲଟୁଥିବା ମୋ ଲହୁଣୀମଖା ଦେହ
ଏବେ କୁହ ! ମୁଁ ମୋତେ କେମିତି ଲେଖିବି କୁହ ?

■

ଝିଅ !

ଝିଅକୁ ଝିଅ ହୋଇ ରହିବାକୁ ପଡ଼େ
ହଁ ରେ ହଁ ନା ରେ ନା ମିଳେଇ
ପ୍ରଶାନ୍ତିର ଝଲମଲ ମୁହଁଟେ ପିନ୍ଧିବାକୁ ପଡ଼େ

ଝରକାକୁ ପଛ କରି
ପବନର ଇସାରାକୁ ମାଛ କରି
ମିଛକୁ ସତ ସତକୁ ମିଛ କରି
ଝିଅ ରଙ୍ଗଉଥାଏ ଲକ୍ଷ୍ମୀ ପାଦ
ଆଙ୍କୁଥାଏ ଗୁରୁବାର ଝୋଟି
ନହେଲେ,
ତାଉଆରେ ଜଳିଯିବ ଯେ
ଈପ୍‌ସିତ ଗହମ ରଙ୍ଗର ରୁଟି
ବୁଡ଼ିଯିବ, କାହିଁ କେଉଁ କାଳର
ରାମ ନାମ ଲେଖା ପଥର ସବୁ
ଭାଙ୍ଗିଯିବ, ବନ୍ଧନର ମୋହ ସେତୁ
କବାଟର କୁଣ୍ଡି
ମନ୍ଦିରର ମୁଣ୍ଡି
ଗୋଟେ ଭଙ୍ଗାରୁଜା ମୁଖଶାଳା ହୋଇ
ସେ ଆଜୀବନ ରହିଯିବ
ପରିତ୍ୟକ୍ତ ଧୂସର ଦୁର୍ଗରେ
ଝିଅକୁ କିଏ ସେ ମଣିଷରେ ଗଣେ ?

ଯୁଗ ପରେ ଯୁଗ
କାଳେ ସେ ହିଁ ସମ୍ପର୍କର ଯୋଗସୂତ୍ର
ବେଦ ଉପନିଷଦ ପୁରାଣ ବି କୁହେ
ବିଶ୍ୱାସ କର !
ଟିକେ ନିରିଖେଇ ଦେଖିଲେ ଜାଣିହେବ
କେଉଁଠି ନା କେଉଁଠି
ଆଜି ବି ଅପରିବର୍ତ୍ତିତ ଝିଅର ସଂଜ୍ଞା
ସବୁକିଛି ବଦଳିଲା ପରି ଦିଶୁଥିବା
ଏ ଏକବିଂଶ ଶତାବ୍ଦୀର ଛଅଁାଣ ଆଖିରେ

ଝିଅର
ଶୀରା-ପ୍ରଶୀରାରେ
ରକ୍ତର ପ୍ରତି କଣିକାରେ
ଝିଅପଣକୁ ଅମ୍ଳଜାନ ପରି ବୁହେଇ ଦେଇ
ଏ ସମାଜ କ'ଣ ଯୋଗାଡ଼େ ?
ବଡ଼ ଚଲାଖିରେ
ଫର୍ଦ୍ଦ ପରେ ଫର୍ଦ୍ଦ ଓଲଟେଇ
ପଢ଼ିନେଇଛି କେହି ଜଣେ ଝିଅର ଆତ୍ମକଥା
ବୁଝିଯାଇଛି,
ପାଦ ସଳଖି ଗଛ ପରି ଠିଆ ଝିଅର ଚେର
ପ୍ରତ୍ୟକ୍ଷ ଅବା ପରୋକ୍ଷରେ ଝିଅ ନିଜେ ହିଁ ଓପାଡ଼େ

ଇଚ୍ଛିବା ନ ଇଚ୍ଛିବାର ମାନେ କ'ଣ ଏଠି ?
ସବୁପରେ ସବୁଘରେ
ଝିଅଟେ ଝିଅ ହୋଇ ରହିବାକୁ ବାଧ୍ୟ
ଝିଅକୁ ଝିଅ ହୋଇ ରହିବାକୁ ପଡ଼େ ॥

■

ଝୁଣ୍ଟିପଡ଼େ ଆଖି-ଅଟକିଯାଏ ପାଦ

ଆଖି ଯେଉଁଠି ଯେଉଁଠି ଝୁଣ୍ଟିପଡ଼େ
ସେଇଠି ଅଟକିଯାଏ ପାଦ
ବଡ଼ ସତର୍କତାର ସହ
ଦିନକୁ କବିତା-କବିତା କରି
ଝେରି ହୋଇଯାଏ ରାତି ଭାଗର
ସବୁତିକ ନିଦ
କିଏ କେମିତି କେଉଁ ବାଗରେ
ଉଛୁଳେଇଦିଏ ହୃଦୟ କେଜାଣି
ମୁଁ ପାଣି ପରି ଯାହାକୁ
ଢକଢ଼କ ପିଇଯାଉଥାଏ
ମୋତେ ଛୁଇଁଲା ମାତ୍ରକେ
ସେ ହିଁ ପାଲଟି ଯାଉଥାଏ ମଦ

ମଦକୁ ମଦ କହିବା ମନା
ଏ ଆଖିର ଶାୟରୀ
ସ୍ପର୍ଶର କାଉଁରୀ
ଶବ୍ଦର ବ୍ୟଞ୍ଜନ
ଓଠର ଚୁମ୍ବନ
କ'ଣ କେଉଁ ମଧୁଶାଳାଠୁ କମ୍, କହୁନା ?
ଏ ସବୁକୁ ପ୍ରଜାପତିଟେ କରି ଉଡ଼େଇ ଦେଲି ଯେ
ସେଇ ବଂଶୀ ପିନ୍ଧି ପକେଇଲା ମୋତେ ପରସ୍ତ ପରସ୍ତ

ମୁଁ ନିଶାରେ
ତୃଷ୍ଣାରେ
ଜିଜ୍ଞାସାରେ
ଝାସାରେ ବୋଲି
ଚହଲ ପକେଇଛି ଫାଜିଲ ପବନ
ଠା ଠା ନଜରର କର୍ଫ୍ୟୁ
ନା ନା ର ବନ୍ଧନ
ସୀମା ସରହଦ ଟାଣି
କେହି ଜଣେ ବାରଣ କରିଛି
ନଈ ସେପାଖ ମହୁଲ ବଣ

ହେଲେ,
ଗୋପପୁର ପାଲଟିଲେ ମନ
ଦେହ ପାଲଟିଗଲେ ମନୋଇ ଯମୁନା
ବିଶ୍ୱାସରେ ମାଖିହେଲେ ଲହୁଣିଆ ପ୍ରେମ
ଝରିଆଡ଼େ ଆଙ୍କିହେଲେ କଦମ୍ବର ଭ୍ରମ
ନଈ ତ କୁଳ ଲଙ୍ଘିବାକୁ ବାଧ୍ୟ

ବାଧ୍ୟ ବାଧ୍ୟକତାରେ
ଆବେଗର ମାଦକତାରେ
ଅଭିମାନର ଚନ୍ଦ୍ରବନ୍ଧନୀରେ
ଅନୁରାଗର କୁଞ୍ଜବନରେ
କଏଦ୍ ରହି ବ ରହିପାରନ୍ତିନି କୃଷ୍ଣ
ଆଉ
ଦେଖ ! ଭାଗ୍ୟର ବିଡ଼ମ୍ବନା ଦେଖ
ପ୍ରତିଥର ଅଠିକଣାରେ ହିଁ
ଝୁଣ୍ଟିପଡ଼େ ଆଖି-ଅଟକିଯାଏ ପାଦ ॥

ସମୟ ବସେନି ବୋଲି ତ !

ସମୟ ବସେନି ବୋଲି ତ
ମୁଁ ଯାଚୁଥାଏ ଚଉକି
ସଜଉଥାଏ ସୋଫା
କେତେ ବାଗରେ ଥୋଉଥାଏ ପିଢ଼ା
ସମୟର ସ୍ୱାଗତରେ କେତେ କେତେ ଫୁଲତୋଡ଼ା

ଫୁଲକୁ ଗଛରୁ ଛିଣ୍ଡେଇ
ତୋଡ଼ା କଲାବେଳେ
ପ୍ରେମର ବିଡ଼ା କଲାବେଳେ
କିଏ ଭାବେ
ଫୁଲ ହିଁ ପାଣିଢ଼ାଳରେ ପାଦ ପଖାଳି
ଡାକିଆଣେ ଋତୁ
ବିଦାକରେ ରାତି
ଆଉ ବଦଳାଏ ଧାରା

ଧାରାର ଧରାରେ
ପ୍ରଜାପତି ହୋଇ ଉଡ଼ି ବୁଲିଲା ବେଳେ
ଭିନ୍ନ ଭିନ୍ନ ଆକାଶ ଗଢ଼ି
ପୃଥିବୀକୁ ଅସ୍ତବ୍ୟସ୍ତ କଲାବେଳେ
କେବେ ଯୋଡ଼ିହୁଏ

କେବେ ଛିଡ଼ିଯାଏ
ମୁହୂର୍ତ୍ତର ମୋହିନୀ ଇସାରା

ସେ ଇସାରା
ମାରିଦେଉ କି ମରିଯାଉ
ଡରିଯାଉ କି ଡରେଇଯାଉ
କି ଯାଏ ଆସେ
ଆଲୁଅ-ଅନ୍ଧାରର ଦରବାରରେ
ସଭିଏଁ ସମାନ ଭାବେ ଦେଉଥା'ନ୍ତି
ନିଜ ନିଜର ହାଜିରା ॥

ଗଣତନ୍ତ୍ରର ନାନାବାୟା

ଗଣତନ୍ତ୍ରର ଆଢୁଆଳରେ
କେହି ଧୀରେ ଧୀରେ ଭସେଇ ଦେଉଛି
ଗଣତନ୍ତ୍ରର କାୟା
ମୁଁ ସବୁଜାଣି ନଜାଣିଲା ପରି
ନୀରବରେ ଗାଉଛି ଗଣତନ୍ତ୍ରର ନାନାବାୟା

ସେ ନାନାବାୟାରେ
ଆଖିରୁ ଫେରାର୍ ନିଦ
ଓଠରୁ ଫେରାର୍ ଶବ୍ଦ
କେଉଁ କର୍ଣ୍ଣକୁ
ନଦୀ କୋଳରେ ସଅଁପି ଆସିଥିବା
କୁଆଁରୀ କୁନ୍ତି ପରି
ଅଦୃଶ୍ୟ ଜାଲରେ ଛନ୍ଦାଛନ୍ଦି
ସାହସ ଜଡ଼ିତ ପ୍ରତିଟି ପାଦ
ମାଛ ଛଟପଟେଇଲା ପରି ଜାଲରେ
ଏ ବିଶାଳ ସାମ୍ରାଜ୍ୟ କେବଳ ଗୋଟେ ଦୀର୍ଘଶ୍ୱାସ
ଯହିଁରେ ଜଳିପୋଡ଼ି ପାଉଁଶ
କେତେ କେତେ ପୁରୁଖା-ବିଶ୍ୱାସ
ଏ ସମୟର ସବୁଠୁ ବଡ଼ ମିଛ-ସ୍ୱପ୍ନର ରାମରାଜ୍ୟ

ନିଶ୍ୱାସର ଭସ୍ମକୁ ମଥାରେ ଚିତା କରି
ପ୍ରସରି ଯାଉଛି ଅସହାୟତାର ମାୟା
ମାୟାର ମୋହରେ
ଛାତିଏ କୋହରେ
ମୁଁ ଅଗଷ୍ଟ ପନ୍ଦର ପାଳୁଛି
କଟା ଜିଭରେ 'ଜନଗଣମନ ଅଧିନାୟକ ଜୟ ହେ' ଗୁଣୁଗୁଣଉଛି
ସ୍ୱାଧୀନତା ନାଁରେ ସ୍ୱେଚ୍ଛାଚାରିତାର ପାଦ ପଖାଳୁଛି
ଅନ୍ଧପୁଟୁଳି ବାନ୍ଧି ସୁଦୃଢ଼ କରୁଛି
ଗାନ୍ଧାରୀ-ଧୃତରାଷ୍ଟ୍ରର ଦୁନିଆଁ

ସତର ତଣ୍ଟି ଚିପି ରକ୍ତ ପିଇବାକୁ
ମୋତେ ବାଧ୍ୟ କିଏ ସେ କରୁଛି
ପବନରେ ଜହର ଗୋଳିବାକୁ
ପ୍ରବର୍ତ୍ତଉଛି କିଏ
ସ୍ୱାର୍ଥକୁ ସମ୍ପତ୍ତି କରି
ଅର୍ଥକୁ ଅନର୍ଥ କରି
ଧର୍ମର ଧାରରେ
ସିଂହାସନର ଦାଢ଼ରେ
କିଏ-କିଏ
ମୋ ମଥାରେ ଝୁଲେଇଛି ଧାରୁଆ ଖଣ୍ଡା
ମୁଁ ନୀରବ
ଆବୋରି ବସିଛି ମୋତେ
କେଉ ଯୁଗର ଜଡ଼ତା

ମୁଁ କ'ଣ ସତରେ ବୁଝିଛି
ତ୍ରିରଙ୍ଗାର ଅର୍ଥ ରକ୍ତ-ମାଂସ-ନିଶ୍ୱାସର ଚୁକ୍ତି
ସ୍ୱାଧୀନତାର ସଂଜ୍ଞା
କଳା କିଟିକିଟି ରାତିକୁ ଘୋଡ଼େଇ ହୋଇ
ମୁଁ ଡାକୁଛି ସକାଳକୁ ଆ

ଗଣତନ୍ତ୍ରକୁ ବିକି ଟୁକୁରା ଟୁକୁରା
ମୁଁ ଗାଉଛି ଗଣତନ୍ତ୍ରର ନାନାବାୟା
ଯେହେତୁ ମୋତେ ଗାଇବାର ଅଛି
ମୁଁ ସବୁ ଜାଣି ନ ଜାଣିଲା ପରି
ନୀରବରେ ଗାଉଛି ଗଣତନ୍ତ୍ରର ନାନାବାୟା... ॥

ତା' ହନିଟ୍ରାପ୍‌ରେ ସେ

ତାକୁ ଲୋଡ଼ା ଥିଲା
ସେମାନଙ୍କୁ ବି ଦରକାର ଥିଲା
ସେ ଖାଦ୍ୟର ଦେହ ଧରି ଶିଢ଼ି ପରେ ଶିଢ଼ି
ଚଢୁଥିଲାବେଳେ
ସେମାନେ ପତେଇଦେଲେ ଦେହିଳ ଭୋକର ପସରା

ସଭିଏଁ ଜାଣନ୍ତି
ମାଗଣାରେ କିଛି ବି ମିଳେନା ଏଠି
ହସ-ଲୁହ, ସୁଖ-ଦୁଃଖ, ଆଲୁଅ-ଅନ୍ଧାର
ପ୍ରେମ-ପ୍ରତାରଣା, ଦେହ-ମାଂସ...
ମୂଲ୍ୟ ଚୁକେଇ କିଣିବାକୁ ପଡ଼େ
କାହା ନା କାହା ସହ
କରିବାକୁ ହୁଏ କେଉଁ ଚୁକ୍ତି
ଆବଶ୍ୟକତାଠୁ ଅଧିକ
ବିଲକୁଲ ଲୋଡ଼ିବା ହିଁ ମନା

ଠକ ଠକିଲାବେଳେ
ଲୋଭୀ ଲୋଭିଲା ଆଖିରେ
ନୋଚିଲା ବେଳେ
ବୁଢ଼ିଆଣୀଟେ କିନ୍ତୁ ଚୁପ୍‌ଚାପ୍
ଲହଲହଉଥାଏ ଜିଭ
ବିଛଉଥାଏ ଜାଲ ରାସ୍ତାସାରା

ତାକୁ ବିକିବାର ଥିଲା
ସେ ଦେହ ହେଲା
ଦାହ ହେଲା
ମୁହୂର୍ତ୍ତର ଆଃ ହେଲା
ଗରାଖ ହୋଇ ସେମାନେ
ଜୀବନର ମହୁଲ ତୋଳିଲେ
ଯୌବନର କୌମାର୍ଯ୍ୟ ଗଢ଼ିଲେ
ରାତିର ଛାତିରେ ଗୁପ୍ତ ତାତିର
ଭାତ ବାଢ଼ିଦେଲାବେଳେ
ତଥାକଥିତ ମାନଙ୍କର ମାନ-ଇଜ୍ଜତ
ବୁଦ୍ଧି-ବିବେକ କୁଆଡ଼େ ଯାଇଥିଲା ?

ଏବେ ଲଜ୍ଜାର ଗୁମ୍ଫାରେ ବସି
ସେମାନେ ବନ୍ଦ କରୁଛନ୍ତି କବାଟ
ଖୋଜୁଛନ୍ତି, ମୁଣ୍ଡରୁ ବୋଝ
ଓହ୍ଲେଇଦେବାର ବାଟ
ପ୍ରସ୍ତୁତ କରୁଛନ୍ତି,
ଲୋଭ-ଲାଭର ଗଜରାରୁ
ନିଜକୁ ଖସେଇ ଆଣିବାର ଲମ୍ବା ଖସଡ଼ା

ଶୁଣିଛ ନା ?
ଦାଣ୍ଡରେ ପଡ଼ି ହାଟରେ ଗଡ଼ଗଡ଼ଉଛି
ହନିଟ୍ରାପ୍‌ର କାହାଣୀ
ଫୁଲଟେ ରାତିକରେ ହାତୀ ଆଣିବାର କଳାକୌଶଳ
ଖୋଲୁଛି ନେଣ-ଦେଣର ପେଟରା
ବିନା କ୍ରେତାରେ କ'ଣ ଥା'ନ୍ତି ସଫଳ ବିକ୍ରେତା

ସେ ଚର୍ଚ୍ଚାରେ
ସେମାନେ ବି ଚର୍ଚ୍ଚାରେ

ଅବସୋସ...
ମାଂସର ପୂଜାରୀମାନେ
କାଳେ କାଳେ ଅନ୍ଧାରର କାନିତଳେ
ଦିନର ଫର୍ଚ୍ଚାରେ ବଦନାମ୍ ମାଂସଳ ଆଇନା... ॥

■

ଏଥର କେଉଁ ବାହନରେ ଆସୁଛନ୍ତି ଦେବୀ ?

ଦେବୀ ପୂଜା କହିଲେ ମୁଁ ବୁଝେ ଆଈ
ଦେବୀପୂଜା ଆସିଲେ ଭାରି ମନେପଡ଼େ ଆଈ
ଆଈର ହାତ ଧରି ମେଢ଼ ଦେଖିବାକୁ
କାହିଁ କେତେ ବର୍ଷ ହେଲା ମୁଁ ଯାଇପାରି ନାହିଁ

ଯିବାର ଇଚ୍ଛା ଥାଇବି କେଉଁ ଯାଇହୁଏ
ବାଧକ ନାଁରେ
ରାସ୍ତା ସାରା ଜଗି ବସିଥା'ନ୍ତି
କେତେ କେତେ ଡାହାଣୀ ଚିରୁଗୁଣୀ
କେମିତି ସମୟ ସହ ତାଳ ଦେଇ
କେଉଁଠି ଶୁଖି କେଉଁଠି ଫୁଟି ପଡ଼େ ନଈ ?

ଯେତେ ଅଧିକ ମେଢ଼ ଦେଖା
ସେତେ ବେଶୀ ଖୁସି
ଅଳି-ଅଝଟିଆ ପାଦ ଥକିପଡ଼େନି ବିଲକୁଲ୍
ବାରମଜା, ଘର୍ଟ, ନଡ଼ିଆ ଚକୋଲେଟ୍
ପାଲଟିଯାଏ ଇଚ୍ଛାଙ୍କ ଆରିସି
ମେଳା ଖର୍ଚ୍ଚ କହିଲେ ମାତ୍ର ପାଞ୍ଚ ଟଙ୍କା
ଆଉ ଏତକ ଲାଗି
ସହରରୁ ଆସିବାର ଥିବା ମାମୁଁର ରାସ୍ତାରେ
ମନ ବିଛେଇଥାଏ ଅପେକ୍ଷାର ଆଖି

କୁଆଡ଼େ ଗଲା ସେ ବାଇସ୍କୋପ୍
ଯେଉଁଥିରେ ସତ ସତ ଲାଗୁଥିଲା
ଅକ୍ଟୋବରର ଛବି ?
ଆଈ ହାତର ମଣ୍ଡା-କାକରରେ
ମହକି ଉଠୁଥିଲା ଆଶ୍ୱିନର ରବି
ରବି କୁହ କି ଛବି
ମିଛ ପାଲଟିବାକୁ
ବୋଧେ ଢେର୍ ସମୟ ଦରକାର ନାହିଁ ॥

ତା' ପରଠୁ ମୁଁ ନିରେଖି ଦେଖିପାରିନି
ସୁନ୍ଦର ଶାଢ଼ୀ ଚିକ୍‌ଚିକ୍ ଗହଣାରେ
ଝଲସି ଉଠୁଥିବା ମା'ଙ୍କ ମନୋରମ ମୂର୍ତ୍ତି
ଚଣ୍ଡୀପାଠରେ ଚିପୁଡ଼ି ହେଉନି ଆତ୍ମା
ମୋତେ ଆଶ୍ଚର୍ଯ୍ୟ କରୁନି, ଉକୁସେଇ ପାରୁନି
ଦୋହଲେଇ ପାରୁନି...
ମହିଷାସୁରର ଛାତିରେ ମା'ଙ୍କ ତ୍ରିଶୂଳ
ସତରେ, ମୁଁ କ'ଣ ଏତେ ବଦଳିଗଲିଣି ?

ଏବେ ଖୁବ୍ ବର୍ଷା ଏଠି
କିଏ ଆଉ ପଚାରିବ -
"ଏ ବର୍ଷ କେଉଁ ବାହନରେ ଆସୁଛନ୍ତି ଦେବୀ ?"

ଧାରେ ରକ୍ତ ହୋଇ
ମୋ ଶିରା ପ୍ରଶିରାରେ
ବୋହିଯାଉଛି ଆଈ
ଆଈ ସହ ବିତିଥିବା ମହୁମିଠା ଜୀବନଖଣ୍ଡକ
ଆଜିକାଲି ଫେରାର୍ ଦେବୀପୂଜାରେ
ମୁଁ ତାକୁ ଖୋଜି ପାଉନାହିଁ ॥

■

ଧାଡ଼ିଏ ମନ୍ତ୍ରପାଠ ପରି ଭାଇ

ସେ ଧାଡ଼ିଏ ମନ୍ତ୍ରପାଠ ପରି
ଡାକିଲେ ଓ କରେ
ତେର ନଈ ସାତ ସମୁଦ୍ର ଡେଇଁ ଦଉଡ଼ିଆସେ
ମୋ ଯାବତୀୟ ଦୁଃଖ କଷ୍ଟ ଯନ୍ତ୍ରଣାରେ
କାନ୍ଥ ହୋଇ ଠିଆ ହୁଏ
କେଜାଣି କେଉଁ ଓଁ କାରର ପ୍ରତିଧ୍ୱନି ସେ
ସବୁକିଛି ପଛରେ ପକେଇ ଜାଣତ - ଅଜାଣତରେ
ମୋ ପୃଥିବୀକୁ ବାରବାର ଫେରି ଆସିପାରେ

ତା' କାନ୍ଧରେ କାନ୍ଧ ମିଶିଗଲେ
ମୁଁ ସହଜରେ ପାରି ହୋଇଯାଏ ଜୀବନର ଖାଇ
ଭାଇ ଡାକରେ ଜମାଟ ବାନ୍ଧେ ସାହସ
ଭୟର ବରଫ ଫଟେଇ

ଏକା ରକ୍ତ-ମାଂସ-ନିଶ୍ୱାସର ଆତ୍ମା ସେ
ସମୁଦ୍ର କୂଳରେ ବାଲିଘର ତୋଳି
ସ୍ୱପ୍ନର ଫୁଲଝଡ଼ିରେ ଉଚ୍ଛୁଳୁଥିବା
ମନ-ହୃଦୟ ସେ

ସେ ମୋ ଶୈଶବର
ଧୂଳିଖେଳ

ମାଡ଼ଗୋଳ
ରୁଷାରୁଷି
କୁଣ୍ଢାକୁଣ୍ଢି
କୈଶୋରର ଖରାବେଳ
ଲୁଚାଲୁଚି
ସାଥୀଡାଳ

ଯୌବନର ଫୁଲଶର
ଚିଠିଖେଳ
ମରୁଜଳ
ଆଶା-ଭରସାର ନିଆରା ସମ୍ବଳ
ଶୀତର କମ୍ବଳ

ଯେଉଁଠି ଥିଲେ ବି...
ସେ ମୁଠାଏ ଅମ୍ଳଜାନର କାମନା ମୋ ପାଇଁ
ଭାଇ କେବଳ ଭାଇ
ସେ ମୋ ପରି କିଛି କିଛି
କିଛି କିଛି ମୁଁ ତା' ପରି
ଭାଇଟେ ରୁଷିଗଲେ
ପଛକରି ଫେରିଗଲେ
ଅଧୁରା ଅଧୁରା ଲାଗେ
ତେଲ-ଲୁଣ ସଂସାରର ଘ'
ଆଉ
ପୋଡ଼ିଯାଏ ଦୁନିଆଁ ହାଣ୍ଡିରେ
ମୋ ଭାଗର ଖଇ ॥

■

ଇସ୍

ସଭିଙ୍କ ନଜରରୁ ନିଜକୁ ଲୁଚେଇ
ତେର ନଈ ସାତ ସମୁଦ୍ରକୁ ଡେଇଁ
ତୁମେ ମୋ ପାଇଁ ଏମିତି ଆସିଛ, ଇସ୍...
ମୋ ଅନୁମତି ବିନା
କେଉଁ କାଦମ୍ବରୀର ଗାଢ଼ ନିଶାରେ
ମୋ ମନର ମୀନାର ତୋଳୁଛ ? ଇସ୍...
ମୁଁ ନିଜେ ନିଜର ହୋଇ ରହିବି ତ କେମିତି ରହିବି
ଭୂଇଁରୁ ଆଖି ଉଠେଇ କୁଆଡ଼େ ଚାହିଁବି ତ କେମିତି ଚାହିଁବି
ସବୁ କାମ ଧନ୍ଦା ଛାଡ଼ି ଛୁଡ଼ି
କେବେଠୁ ତୁମେ ଯେ
ଅପଲକ ମୋତେ ହିଁ ଦେଖୁଛ

ଦେଖ !
ସଜାଡ଼ି ସୁଜୁଡ଼ି ହୋଇ
ମୋତେ ଥରେ ନିଜକୁ ଦେଖିବାର ଅଛି
ମୁକୁଳା କେଶରେ
ରଜନୀଗନ୍ଧାର ଗଜରା ମାଖିବାର ଅଛି
ଧାରେ କଜ୍ଜଳ-ଓଠେ ଲିପ୍‌ଷ୍ଟିକ୍
ଠିକ୍ ଠିକ୍ ପିନ୍ଧିବାର ଅଛି
ହେଲେ ହାଏରେ...
ଘରେ ଯେଉଁଠି ଯେଉଁଠି ଯେତେକ ଆଇନା
ସେ ସବୁଥିରେ ତୁମେ ଖାଲି ତୁମେ ହିଁ ଦିଶୁଛ

ଆଉ
ମୁଁ, ମିଛଟାରେ ଆଇନାର କାଚକୁ ପୋଛୁଛି, ଇସ୍...

ଏ ଲାଜମିଶା ହସରେ ବି
ମୁଠା ମୁଠା ବିଞ୍ଚିହେଉଛ ତମେ
ବାଡ଼ ବନ୍ଧ ଭାଙ୍ଗି ଲୁହ ସହ ଲଢ଼ିଯାଉଛ ତୁମେ
ମୁଁ କରିବି ତ କ'ଣ କରିବି
କା' ଆଗରେ କହିବି ତ କେମିତି କହିବି
ସୂର୍ଯ୍ୟ ଚନ୍ଦ୍ର ତାରା ପାଣି ପବନ ମାଟି ଆକାଶ
ଫୁଲ ଚଢ଼େଇ...
ମୁଁ ଯାହା ଯାହା ସହ କଥା ହୁଏ
ତୁମେ ତ ସେ ସଭିଙ୍କଠୁ ଈର୍ଷ୍ୟାରେ ଜଳୁଛ, ଇସ୍...

ଏଇ ମୋ 'ଇସ୍' ଶବ୍ଦକୁ
ଏତେ ଭଲପାଅ ତୁମେ
ସେଇ ଶବ୍ଦର ସମୁଦ୍ରରେ ବୁଡ଼ିବୁଡ଼ି
ମୋତେ ବି ଭିତରକୁ ଭିତରକୁ ଟାଣୁଥାଅ ତୁମେ
ଥରେ ପାଦକୁ ମାଟିରେ ଧସେଇ ଦେଇ
ମୁଁ ଟିକେ ନିଜକୁ ଜାବୁଡ଼ି ଧରିଲି ଯେ
ତୁମେ ବି କହିଦେଲ, ଇସ୍...।

ଥାଉ ! ଛାଡ଼ !
ଏଥର ତୁମେ ତୁମ ରଙ୍ଗ ନେଇ ଫେରିଯାଇପାରେ
ସେ ଇସାରାର ଭାଙ୍ଗ ନେଇ ଫେରିଯାଇପାର
ମୋତେ ବି ସଅଳ ଯିବାର ଅଛି
ମୋର ସ୍ୟାଡ଼େ କେତେ କାମ ବାକି ଅଛି
ଉଫ୍... କେଡ଼େ ଦୁଷ୍ଟ ତୁମେ
ବଡ଼ ହୁଁ ଟେ ମାରିଦେଇ
ମୋ ହାତକୁ ହାତରେ ଧରି
ଯେମିତିକୁ ସେମିତି ବସିଛ ! ଇସ୍... ॥

ନିଶାର ନିଳୟରେ

କାଠ ଲୁହା କି ପଥର ନୁହେଁ
ତାହା ରକ୍ତ-ମାସଂରେ ଗଢ଼ା ହୃଦୟର ଶିଡ଼ି
ଯାହାକୁ ଭିଡ଼ରୁ ବାଛି
ଜଣେ ଲକ୍ଷ୍ୟ ସାଧେ
ପାହାଚ କରି ଆକାଶ ଛୁଇଁବାର ସ୍ୱପ୍ନ ଦେଖେ
ଧୂଳିସାତ୍ କରି
ଖରାରେ ପାରିଦିଏ ନିଜ ଇଚ୍ଛାର ବଡ଼ି

ବଡ଼ି ଶୁଖିଲାପରେ ଭଜା ହେବ
ଚଟଣି ହେବ
ଟକପାଣି ହେବ କି ଝୋଳ
ଏତକ ତାକୁ ଜଣା
ମୁଁ ଅବା କେମିତି ଜାଣିବି

ମୋତେ ତ ତା' ମହୁବୁଡ଼ା କଥା
ଓଠ ଚପା ଚୁଗୁଲି
ଚିନି ଚମ୍ପା ହସ
ମିଛ ମିଛ ପ୍ରଶଂସାର ମୋହ
ଆଉ
ସେସବୁର ତୀକ୍ଷ୍ଣ ଧାରରେ
ସିଏ ଗଛର ପତ୍ର ଫୁଲ ଫଳ କାଟୁ କାଟୁ

ଡେର ଦୋହଲେଇ ଦେବା ଥୟ
ବିଚରା ମୁଁ...
ମୋତେ ତ ଚୁମ୍ବକ ପରି ଟାଣି ବସିଛି
ତା' ମାୟାବୀ ଶବ୍ଦଙ୍କର ରଙ୍ଗୀନ ଖଡ଼ି

ଜାଣିଛ ?
କେଉଁ ନିଶାର ନିଳୟ
ମଧୁମେହ ରୋଗ ପରି ଖୋଳ କରିଦେଇପାରେ
ଅସଜଡ଼ା କରି ଦେଇପାରେ
ଚିପୁଡ଼ି ଋପୁଡ଼ି କ୍ଷୀଣ କରି ଦେଇପାରେ
ଅଦିନରେ ଡାକି ଆଣିପାରେ
ଉଚ୍ଚ ରକ୍ତଋପର ଝଡ଼ି...

ଦେଖ !
ତୁମେ ନିଜକୁ
ନିଜ ଆଖପାଖକୁ ବରାବର ତଉଲୁଥାଅ
ଚିହ୍ନି ରଖିଥାଅ, ଶୋଷ ମେଣ୍ଟଉଥିବା
ଆଉ ଶୋଷ ବଢ଼ଉଥିବା ଜଳ ଭିତରର ସୂକ୍ଷ୍ମ ପାର୍ଥକ୍ୟ

ମୁଁ ଏବେ
ମୋ ଭଙ୍ଗା ଭାବନାର ଡାଳ ସବୁକୁ ଫିଙ୍ଗି
ମନର ଭଣ୍ଡାର ଘରକୁ ସଜାଡ଼ି ରଖୁଛି ॥

■

ପାଣିରେ ବି ରକ୍ତ ଥାଏ

ଏଥର କିଛି ଗୋଟେ ଅଲଗା ହେବାର ଥିଲା
ମେଘ ଆଖିରେ ଧାରେ କଜ୍ଜ୍ୱଳ ହୋଇ
ରହିବାର ଥିଲା ସୂର୍ଯ୍ୟ
ଉଆଁସୀ ଆକାଶରେ ଜହ୍ନ ଉଇଁବାର ଥିଲା
ତାରାମାନେ ଗୁନ୍ଥି ହେବାର ଥିଲେ ମୋ କାନ-ଝୁମୁକାରେ
ଆଉ
କେଉଁ ନଈପଠାରେ କେବେଠୁ ହଜିଥିବା ମୋ ପାଉଁଜିର ରୁଣୁଝୁଣୁକୁ
ଅନ୍ୟ ହଳେ ପାଉଁଜିରେ ଜଡ଼େଇ ଧରି
ତାର ଫେରିଆସିବାର ଥିଲା

ଏଥର କିଛି ଗୋଟେ ଅଲଗା ହେବାର ଥିଲା
ଆମନ୍ତ୍ରିବାର ଥିଲା
ସମୁଦ୍ର ଛାତିରୁ ନିଜକୁ ଫେରେଇ ଆଣିବାର ଋତୁ
ପିନ୍ଧି ପକେଇବାର ଥିଲା ସ୍ୱାଭିମାନର ପାଟଶାଢ଼ୀ
ଦିନ ପରି ଦିଶୁଥିବା ରାତିମାନଙ୍କୁ
ଖଣ୍ଡେ ଖଣ୍ଡେ ଚିଠି ଲେଖିବାର ଥିଲା

ଅପେକ୍ଷା ଅପେକ୍ଷାରେ
ଆଖିକୁ କଟେଇବାର ଥିଲା ରାତି
ନିଜେ ଜଳି ଜଳି
ଅନ୍ଧାରକୁ ଜାଳିଦେବାର ଥିଲା ବତୀ

ଛାତିରୁ ଉଲ୍‌କା ଖସିବାର ଥିଲା
ହୃଦୟର ଧକ୍‌ଧକ୍‌କୁ ଏରୁଣ୍ଡିବନ୍ଧ କରି
ସାଉଁଟିବାର ଥିଲା ଈପ୍‌ସିତ ପାଦଶବ୍ଦ
ହଁ ମାନଙ୍କୁ ହାତ କରି
'ନା'କୁ ରଦ୍ଦ କରିବାର ଥିଲା

ଏଇ ଦେଖ...
କେମିତି ଦୁଲୁକୁଛି ଚିକ୍‌ଚିକ୍ କରୁଛି
ମରୁଛି ଜିଉଁଛି ଅଦିନିଆଁ ମେଘ
ଏ ମେଘକୁ ମାଘ ହେବାର ଥିଲା
ମଗୁଶୁର ମାସର ଝୋଟି ଚିତା ପରି
ଚହଟିବାର ଥିଲା
ଲକ୍ଷ୍ମୀପାଦ ପରି ମହକିବାର ଥିଲା
ହେଲେ, ତା'ର କ'ଣ
ଯା'ର ବିନା ଇସାରାରେ ପତ୍ରଟେ ହଲେନା ଏଠି
ସିଏ ତା' ବାକି ଖାତାରେ କ'ଣ ଲେଖିଥିଲା ?

ନୂଆ ଏକ ଶର୍ମିଷ୍ଠା କାବ୍ୟର କାବ୍ୟିକ ଉତ୍ତରଣରେ
ଜୁଡୁବୁଡୁ ହେଉଥିଲା କବି
ଅପ୍ରେମରୁ 'ଅ'କୁ ହଟେଇ
ଇତିହାସ ରଚିବାର ଥିଲା
କଲମ ମୁନରେ ଫୁଟିବାର ଥିଲା ଜୀବନର ପଦ୍ମଫୁଲ
ବାଟଭୁଲା ଭଅଁରକୁ ଆକର୍ଷିବାର ଥିଲା କୋରକକୁ

ଓଠ ନଖୋଲି ଓଠକୁ କହିଦେବାର ଥିଲା ସବୁକିଛି
ସ୍ପର୍ଶର ନିଆଁରେ ସିଏ ଜଳିପାରିବ ତ !
ଅକୁହା କଥାତିକ ବୁଝିପାରିବ ତ !
ହଜିଥିବା ଭିଜିଥିବା ବୋହିଯାଇଥିବା ମାଟିକୁ ଗୋଟେଇ ଗାଟେଇ
ଆଉଥରେ ମୋତେ ଗଢ଼ିପାରିବ ତ !

ଏମିତି ଅନେକ ଅନିର୍ଦ୍ଦିଷ୍ଟତାର ଭାବନାରେ
କମ୍ବଳଟେ ସିଇଁଦେଇ ଶୀତକୁ ଯାଚିବାର ଥିଲା

ଏଥର କିଛି ଗୋଟେ ଅଲଗା ହେବାର ଥିଲା
ବର୍ଷ ମାସ ଦିନ ତିଥି ବାରକୁ ବାଦ୍ ଦେଇ
ମୋତେ ତା'ର ହୋଇଯିବାର ଥିଲା
ସତରେ ତା'କୁ ମାରିଦେଇ
ଏଥର ମୋତେ ମରିଯିବାର ଥିଲା
ମୃତ୍ୟୁ ପରି ଦିଶୁଥିବା ପଥରମାନଙ୍କୁ
ପାଣି କରିଦେବାର କଳା କ'ଣ ସମସ୍ତଙ୍କୁ ଜଣା ?
'ପାଣିରେ ବି ରକ୍ତ ଥାଏ'- ଏ ଦୃଢ଼ ଘୋଷଣାରେ
ଦୁନିଆଁ ଦୋହଲିଯିବାର ଥିଲା ।।

■

ଛାତି

ସେ ମୋତେ ମୃତ୍ୟୁ ଦେଲା ଉପହାରରେ
ଆଉ
ମୁଁ ତାକୁ ଜୀବନ-କଣିକା କରି
ସାଇତି ରଖିଲି ଛାତିରେ

ଛାତି,
ଅନେକ ରତୁର ରାତି
କେବେ ହସ୍ତିନାପୁର
କେବେ ଇନ୍ଦ୍ରପ୍ରସ୍ଥର ବାଟୀ
ମୁଁ କେମିତି କେଉଁ ରାତିକୁ ସକାଳ କରିବି
ଆଖିର କଜ୍ଜ୍ୱଳ କରିବି
ସୁବାସିତ ଫୁଲଙ୍କ ଅଞ୍ଚଳ
ମରୁଭୂମିର ଟୋପେ ଇପ୍‌ସିତ ଜଳ କରିବି

ଜହ୍ନ ସହ ଯୋଡ଼ିଦେଲେ ମନ
ମହାଭାରତଟେ ଲେଖାହୁଏ
କୁରୁକ୍ଷେତ୍ର ସଜାହୁଏ
ହୃଦୟ-ମାଟିରେ

ମାଟି,
ମୋ ଅସ୍ତିତ୍ୱର ସୁନା-ପେଟୀ

ଏନ୍ତୁଡ଼ିର କୁଆଁ କୁଆଁ ରାବ
ନୀଳ ଆକାଶର ରତି
ପ୍ରତିଥର ଉଡ଼ିଯାଇ ଉଡ଼ିଯାଇ
ସିଏ ହିଁ ସଳଖିପାରେ ପାଦ
ଯାହାକୁ ଗାନ୍ଧାରୀର ଅନ୍ଧପୁଟୁଳି ପରି
ଏଯାଏଁ ପିନ୍ଧା ଯାଇପାରିଲାନି

ଯେବେ ଯେବେ
ଶବ୍ଦଙ୍କ ସହରକୁ ମୁଁ ଶବ୍ଦ ଖୋଜିଗଲି
ମନ-ଝୁଙ୍କୁଡ଼ିରେ ପ୍ରେମର ଅଭ୍ର ସଜାଡ଼ିଲି
ନୀରବ-ପ୍ରାର୍ଥନା ହୋଇ
ମନ୍ଦିର ଘଣ୍ଟିରେ ବାଜିଲି
ସଞ୍ଜବତୀ ହୋଇ ତା' ଲାଗି ଜଳିଲି
ସେ ମୁହଁ ବୁଲେଇନେଲା ବଡ଼ ସହଜରେ
ତା'ର ପ୍ରତି ନିଶାନାରେ
ଲହୁଲୁହାଣ ହେଲାପରେ
ରକ୍ତ ରଙ୍ଗର ସ୍ୟାହିରେ ମୁଁ ତାକୁ ହିଁ କବିତା କଲି
କଲମ-ମୁନରେ

କଲମର କି ଧୈର୍ଯ୍ୟ !
ତାକୁ କିଏ ଶିଖେଇଲା
ସମୁଦ୍ରମୁଖୀ ହେବାକୁ ହେଲେ
କେତେ କେତେ ନଦୀଙ୍କଠୁ ହାରିବାକୁ ପଡ଼େ
ଛାତିରୁ ଓହ୍ଲେଇ ଛାତି
ପୁଣିଥରେ ପିନ୍ଧିବାକୁ ପଡ଼େ ।

■

ମୁଁ କ'ଣ କେବେବି ମାଗିପାରିଲି ?

ଏତେବଡ଼ ଆକାଶଠୁ
ଛୋଟିଆ ତାରାଟେ ମାଗିବାର ଥିଲା
ମୋତେ ମୋ ଭାଗର
ଧରାଟେ ମାଗିବାର ଥିଲା
ନିଜକୁ କାଟି ବାଟି ତରଲେଇ ଜମାଟ ବନ୍ଧେଇ
ମୁଁ ଯାହା ଯାହାକୁ ଯାଚି ଦେଇଥିଲି
ସମୟରୁ ତୁଠ ପଥରରେ ନିଜକୁ କାଚି ଦେଇଥିଲି
ସେମାନେ ହିଁ ବଇଶାଖୀ ଖରା
ମୋତେ ଧୁ ଧୁ ଖରାଠୁ
ଛାଇର ଆସରଟେ ମାଗିବାର ଥିଲା

ମାଗିବାକୁ ଯାଇ
କ'ଣ ସହଜରେ ମାଗି ହୁଏ ?
'ନା' ଶୁଣିବାର ଛାତି ନଥିଲେ
କ'ଣ 'ହଁ'ଟେ ଠକି ଦିଏ ?
ଅତି ଆପଣାର ଯେତେ
ଛାତିର ଘା' ପାଳଟନ୍ତି
ମନେରଖ ! ତମ ଲୋଡ଼ିଲାରେ ନୁହେଁ
ସେମାନଙ୍କର ଆବଶ୍ୟକତାରେ ମଲମ ସାଜନ୍ତି
ମିଛ ମାରୀଚକୁ ପଛ କରି

ମୁଁ ଯେତେଥର ନଈରେ ଆଇନା ଟାଙ୍ଗିଲି
ମାଟି-ବାଲି-ଗୋଡ଼ିର ଚିତ୍ର ଦେଖେଇଲି
ହୃଦୟର ଉଥଳ-ପୁଥଳକୁ
ଶବ୍ଦଙ୍କ ସହରଟେ ଦେଲି
ସେତେଥର ଫୁଲ-ଖୋଳପା ପିନ୍ଧା ସେମାନେ
ପଥରର ଶୋଷ ଯାଚିଦେଲେ
ମୋତେ ଶୋଷଠୁ
ପାଣି ଗରାଟେ ମାଗିବାର ଥିଲା

ସେ କେମିତିକା ଘର ?
କି ଆପଣାର ?
ଯାହାର, ଝରିକାନ୍ଥ ପ୍ଲାଷ୍ଟିକ୍
ଚଟାଣ ଜଉର
ଅଜବ କୋଳାହଳ ଗଜବ ଘଣ୍ଟା ଚକଟା
ଆପଣାଙ୍କ ଭିଡ଼ରେ ସବୁତିକ ପର

ମାଗିବାକୁ ଯାଇ ମାଗିହୁଏନା ସେଠି
ମୁହଁ ନ ଖୋଲିବା ଯାଏ ବୁଝନ୍ତିନି କେହି
ସେଠି ଆଖିର ପାଣି ମାତ୍‌ ଖାଇଯାଏ
ନିଆଁକୁ ଦୂରରୁ ଜୁହାର
ବଖରା-ବଖରାକୁ ଝାଡ଼ିଝୁଡ଼ି ସଫା କରିବା ଲାଗି
ମୋତେ ଅବୁଝା ମନଠୁ
ଈପ୍‌ସିତ ପହଁରାଟେ ମାଗିବାର ଥିଲା

ମାଗିଲେ ମିଳେନା କିଛି
କେହି ଜଣେ କେବେ କହିଥିଲେ
କାହିଁକି ଅଜଡ଼ା ହୁଏ ଯାହାକୁ ଯେତେ
କିଛି ବୋଲି କିଛି ବି ଦରକାର ନ ଥିଲାବେଳେ ?

ପେଟକୁ ଦାନା
ଦେହକୁ କନା
ରହିବାକୁ ଘର
ଆଉ
ଯାବତୀୟ ସୁଖ-ସମୃଦ୍ଧିର ପର
ପରେଇ ଆସୁଥିଲା ବେଳେ
ଘର-ବାହାର-ଦୁନିଆଁ
କେଜାଣି କ'ଣ କ'ଣ ସବୁ ଯାଚି ଦେଉଥିଲେ
ମୁଁ କ'ଣ କେବେ ବି ମାଗିପାରିଲି
ଯାହାଠୁ ଯାହା ଯେତେବେଳେ ମାଗିବାର ଥିଲା ?

‘କୋଣାର୍କ’କୁ ତୁମେ କେମିତି ଲେଖୁଛ ?

କୋଣାର୍କକୁ ନେଇ କବିତା ଲେଖିବି
ନା
କବିତା-କବିତାରେ ଗଢ଼ିବି କୋଣାର୍କ
କ୍ଷଣେ ଚନ୍ଦ୍ରଭାଗାର କଳା ଘୁମର ପାଣି
ମୋତେ ପାଣି କରିଦେବା ଥୟ
ଆରକ୍ଷଣେ ଚହଲିଯିବାକୁ ବାଧ୍ୟ
ଅସୀମ ହୃଦୟର ସୂର୍ଯ୍ୟ

ଲକ୍ଷ ଲକ୍ଷ ଆଖିକୁ ଆକର୍ଷି
ପ୍ରେମରେ ବୁଡ଼େଇ ମାରୁଛି କୋଣାର୍କୀୟ ନଟୀ
ଘେରେଇ ନେଇ ଜାବୁଡ଼ି ଧରୁଛି
କେଜାଣି କେତେ କେତେ ମନ
ଦିନ-ରାତି-ତିଥି-ବାର-ପକ୍ଷକୁ ବାଦ୍ ଦେଇ
ପ୍ରେମିଳ ପାଲଟି ଯାଉଛି ପ୍ରତିଟି ପୃଥିବୀ
ଫୁଲ ପରି ବାସ୍ନାୟିତ ଅଗଣିତ ପ୍ରେମୀଯୁଗଳ

ସେସବୁର ପରେ
ମୁଁ ଯେତେଥର ଚୁମ୍ବକୀୟ ସ୍ଥାପତ୍ୟରେ
ପକେଇଛି ପାଦ ହଜେଇଛି ପଲକର ପଦ୍ମ
ମନେପଡ଼ିଛି ଅତିପ୍ରିୟ ସାହିତ୍ୟ ବହି

ପ୍ରଶ୍ନ ପାଲଟିଛନ୍ତି ଲାଙ୍ଗୁଳା ନରସିଂହ ଦେବ
ଛଟପଟ କରିଛି ସୂର୍ଯ୍ୟ-ମନ୍ଦିରର ମୁଣ୍ଡି
ପବନ ଦେହରେ,
ମୁଁ ଖୋଜିବସିଛି ନଥିବା ଉତ୍ତର

ମୁଣ୍ଡି ମାରିବାକୁ
କେତେ ଯେ ବିଶ୍ୱାସ ସାହାସ ସମର୍ପଣ ଲୋଡ଼ା
ଜୀବନର ସବୁତକ ନିଃଶ୍ୱାସ ଲୋଡ଼ା
ଘର-ଦ୍ୱାର-ଦୁନିଆଁଠୁ ବିଦାୟ ଲୋଡ଼ା
ଆରମ୍ଭିବା ସହଜ
ହେଲେ ଶେଷ କରିବାକୁ
ଥୋକାଏ ଅସହଜ ଲୋଡ଼ା
ସବୁ ସୁନ୍ଦରତାର ପ୍ରଚ୍ଛଦପଟରେ
ଝଲମଲ ହେଉଥାଏ
ଗୋଟେ କରୁଣ ହୃଦୟ-ବିଦାରକ କାହାଣୀର ପେଡ଼ି
ଜାଣିଛି ?

ପେଡ଼ି ଖୋଲିଲେ
ଭାରି ଭୟଙ୍କର ସୂର୍ଯ୍ୟଙ୍କ ସୌନ୍ଦର୍ଯ୍ୟ
ଝାପ୍ସା ଝାପ୍ସା ମୁହୂର୍ତ୍ତର ମଉନ ଅକ୍ଷର
ଆହୁରି ଗାଢ଼, ବିଶୁ ମହାରଣାର ବାଡ଼ି ବରକୋଳି
ପଥର ଛାତିରେ ଧକ୍ ଧକ୍
ବାରଶ' ବଢ଼େଇଙ୍କ ନିହାଣ

ଆଉ
ପୁଥଲ ପୁଥଲ ସମୟରେ ଜଳଜଳ
ମୃତ୍ୟୁ ହାତରେ ନିର୍ଦ୍ୱନ୍ଦ୍ୱରେ ଜୀବନ ଟେକି
ଚନ୍ଦ୍ରଭାଗା ସହ ଚନ୍ଦ୍ରଭାଗା ପାଲଟିଥିବା
ସେଇ ବାର ବର୍ଷର ଧର୍ମପଦ

ଧର୍ମପଦମାନଙ୍କୁ
କ'ଣ ବା ଫେରେଇପାରିଛି କଳାର କୋଣାର୍କ ?
ଧର୍ମପଦମାନଙ୍କ ଲାଗି କିଛି ବି ଲେଖିବାକୁ
ଶବ୍ଦମାନେ ଯୁଗେ ଯୁଗେ ଅସମର୍ଥ

'ବାରଶ' ବଢ଼େଇର ଦାୟ
ନା
ଧର୍ମପଦର ଦାୟ"
ଏଇଠି ଅଟକିଥିବା ସଭିଏଁ
ଜଣେ ଜଣେ ଅଷ୍ଟମ ଆଶ୍ଚର୍ଯ୍ୟ
ବଡ଼ ଆଶ୍ଚର୍ଯ୍ୟମୟ ସତରେ ଅର୍କକ୍ଷେତ୍ରର ରହସ୍ୟ
ବଡ଼ ରହସ୍ୟମୟ କୋଣାର୍କର ଜୀବନଗାଥା
ବେଶ୍ ଗାଥାମୟ ଧୈର୍ଯ୍ୟର କୋଣାର୍କ
'କୋଣାର୍କ'କୁ ତୁମେ କେମିତି ଲେଖିଛ ?

■

ବଇରୀ ହିଁ ସର୍ବଶ୍ରେଷ୍ଠ ପ୍ରେମ !

କେତେ କେତେ ହୃଦୟରେ ଗୋଲାପ ଫୁଟେଇ
ଆସେ ଫେବୃୟାରୀ
ନଈରେ ଢେଉ ସମୁଦ୍ରରେ ଲହଡ଼ି ଉଠେଇ
ଆସେ ଫେବୃୟାରୀ
ସତରେ କହିଲ !
ଫେବୃୟାରୀ ପ୍ରେମ ନା ପ୍ରେମର ବଇରୀ ?

ବଇରୀଠୁ ଫୁଲ ନେଇ
ଚେନାଏ ମନ ବିକିଦେଲେ
ତା' ନାଁରେ ଧୀରେ ଧୀରେ
ରାତି-ନିଦ-ସ୍ୱପ୍ନ ଲେଖିଦେଲେ
ହୃଦୟର ଧକ୍‌ଧକ୍‌କୁ ଦୁଆରବନ୍ଧରେ ଥୋଇ
ପ୍ରତି ପାଦଶବ୍ଦରେ ତାକୁ ତଲାସିଲେ
ତା' ଆଖିରେ ଘର ତୋଳି
ନିଜ ଆଖିରେ ତାକୁ ବସେଇଲେ
ପ୍ରେମ କ'ଣ ପ୍ରେମ ହୋଇ ରହେ
ରଙ୍ଗକୁ ଚିତ୍ର କରି
ତାରା ଯେବେ ଲେଖିବସେ ଜହ୍ନର ସାଏରୀ ?

ସାଏରୀ ଶୁଣେଇବାକୁ
ଜୀବନର କୋଣ-ଅନୁକୋଣରେ

ମୁଁ ବୁଡ଼ ପକେଇଲି
କୁମ୍ଭ ମେଳାରେ ନିଜକୁ ହଜେଇ
ଖୋଜିବାର ବାଟ ତିଆରିଲି
ଡାଇରୀରେ ଶବ୍ଦକୁ ଗୁନ୍ଥି-ଗାନ୍ଥି
ଲୁହର ଦିପାଳୀ ଜାଳିଲି
ଈପ୍‌ସିତ ଖୁସିର ମନ୍ତ୍ର ଉଚ୍ଚାରିଲି
ଟୋପେ ପ୍ରଶ୍ୱାସ ଦାୟରେ
ନିଃଶ୍ୱାସର ବୋଲି ଲଗେଇ
ମାଟି ପ୍ରେମରେ ଆକାଶର ପ୍ରେମ ବିସର୍ଜିଲି
ବିଶ୍ୱାସ କର ! ସବୁଥର ସମାନ ପ୍ରକ୍ରିୟାରେ
ପ୍ରେମ ପାଲଟିଗଲା ପ୍ରେମର ଅଞ୍ଜଳି

ଅଞ୍ଜଳି,
ମା' ପାଇଁ ହେଉ
ମାଟି ପାଇଁ ହେଉ
କି ତା' ପାଇଁ
ଏକା କଥା...
ପ୍ରେମ,
କେବେ ପ୍ରାଣର ଅଳକାପୁରୀ
କେବେ ଅହେତୁକ ମୁଣ୍ଡବଥା

ପ୍ରେମ, ଉଡ଼ିଲେ ପବନରେ ପାନପତ୍ର ହୋଇ
ପ୍ରେମ-ଦିବସର ଟ୍ୟାଗ୍ ଲଗେଇ
ସୀମା ପାଲଟିଯାଏ ବୋମା
ଭିଜିଯାଏ ମାଟି ମାଟିର ରକ୍ତରେ
ଫାଟିଯାଏ ଛାତି
ଟୁକୁଡ଼ା ଟୁକୁଡ଼ା ମାଂସର ବିଳାପରେ
ପୁଲଓ୍ୱାମା ଆଟାର୍କ !
କେହି ତ ଆପଣାର ଚଲେଇଲା ଛଳନାର ଛୁରୀ

ଛୁରୀ, ସବୁବେଳେ ଛୁରୀ
ପରିବା କାଟୁ କି ବେକ
ଭ୍ରମ କାଟୁ କି ଭୋକ
କ୍ଷଣେ କ୍ଷଣେ ଲେଖାହୁଏ ରାମାୟଣ ଏଠି
ରକ୍ତର ବନ୍ଧନ ଛିଣ୍ଡେଇ
ଶତ୍ରୁ ହାତରେ ନିଜକୁ ବିକି ଦେଇ
କେହି ଜଣେ ସାଜେ ବିଭୀଷଣ
ଇତିହାସ ପୃଷ୍ଠାରେ ଲିପିବଦ୍ଧ ହୁଏ
ଗୋଟେ ଅଜବ ବ୍ୟାପାରୀ

ମନେରଖ !
ହିତଶତ୍ରୁ ହିଁ ଯୁଗେ ଯୁଗେ
ପୋଡୁଥାଏ ଲଙ୍କାର ସୁବର୍ଣ୍ଣପୁରୀ
ଆଉ
କହୁଥାଏ, ବଇରୀ ହିଁ ସର୍ବଶ୍ରେଷ୍ଠ ପ୍ରେମ
ପ୍ରେମ ହିଁ ପ୍ରେମର ବଇରୀ

■

ଜୀବନର ବାଲି

ଜାବୁଡ଼ି ଧରିବାର ଶତଚେଷ୍ଟା ସତ୍ତ୍ୱେ
ଝରିଯାଏ ଆୟୁଷ
ମରିଯାଏ ମୁହୂର୍ତ୍ତ
ବଢ଼ିଯାଏ ଖୋଜିବାର ଶୋଷ
ଏତକ ହିଁ... କେବଳ ଏତକ ହିଁ
ଜୀବନ ଜିଇବାର ଜଟିଳ ଗଣିତ
ଏତକ ଲାଗି ଯେତେସବୁ ରାମାୟଣ
ଆଉ ମହାଭାରତ

ମିଶେଇ ଫେଡ଼ି ଗୁଣି ହରି
ଯାହାଯେତିକି ମିଳେ
ସେତିକିରେ ପୂରେନି ମନର ଅଣ୍ଟି
ଭିଜେନି ହୃଦୟର ତଣ୍ଟି
ମେଣ୍ଟେନି ସ୍ୱପ୍ନର ଭୋକ
ପ୍ରାପ୍ତି ହେଉ କି ଅପ୍ରାପ୍ତି
ସ୍ୱପ୍ନ ପାଲଟିଯିବାକୁ ବାଧ୍ୟ
ସତର ସବୁଜିମାକୁ କଣ୍ଠିମାଳ କରି
ପିନ୍ଧିବାର ଇଚ୍ଛା, ଇଚ୍ଛାରେ ରହିଯାଏ

ତାଳଗଛରୁ ବରଡ଼ା ଖସିଲା ପରି
ଓହ୍ଲେଇଯାଏ ଦେହରୁ ପରସ୍ତ ପରସ୍ତ ଦେହ
ଫୁଲର ବାସ୍ନା ସରିଯାଏ

ଭଅଁରର ଗୁଣୁଗୁଣୁ ଥମିଯାଏ
ଶୁଖିଯାଏ ଶବ୍ଦର ବଗିଚା
ଶବ୍ଦର ଅନୁପସ୍ଥିତିରେ
ଝଲସୁଥାଏ ଗୋଟେ ଅନନ୍ୟ ଅନୁପମ ଚିତ୍ର

ସେ ଚିତ୍ରକୁ ଫ୍ରେମ୍ କରି
ମୁଁ କାନ୍ଥରେ ଟାଙ୍ଗେ
ମୁକ୍ତା ପରି ଶାମୁକାରେ ଖଞ୍ଜେ
ସମୁଦ୍ରରେ ଉଚ୍ଛାଳେ
ନଈରେ ତରଙ୍ଗାୟିତ କରେ
ବିଶ୍ୱାସ କର !
ଦିନେ ଚିତ୍ରରେ ବାଲି ଚରିଯାଏ
ଦିନର ଛାତିରେ ଛୁରୀ ମାରି
ଚିତ୍ର, ରାତି ସହ ରାତି ହୋଇଯାଏ

ବାଲି ?
ମରୁଭୂମିର ହେଉ
ବେଳାଭୂମିର ହେଉ
ଅବା
ନଈପଠାର
ତା'ର ଝରିବା ଓ ଝୁରିବା ହିଁ ଥୟ
ବାଲି,
ଥାଇ ବି ନ ଥିବା ପୃଥିବୀର
ସଫେଦ ମାନଚିତ୍ର
ପାଣି ଶୋଷୁଶୋଷୁ ଶୋଷ ପାଲଟିଯିବା
ବାଲିର ଚରିତ୍ର
ହାତମୁଠାରେ କେତେବେଳେ ଖସିଗଲା ଜୀବନର ବାଲି
ଜାଣିଛ ?

■

ସେ କିଏ ?

ମୁଁ ଯାହାକୁ ଖୋଜୁଥାଏ, ସେ କିଏ ?
ମୋ ଦିନ ସବୁକୁ ରାତି କରି
ଯିଏ ରାତିକୁ ଦିନ କରୁଥାଏ, ସେ କିଏ ?
କଣିକା କଣିକା ମୋ ଭିତରେ ସରି
କିଏ ମୋତେ ସରିବାକୁ ବାଧ୍ୟ କରୁଥାଏ ?

ଏଡ଼ିକି ଚଲାଖ ସେ,
ଫୁଲଙ୍କ ମେଳାରେ
ପ୍ରଜାପତିଙ୍କ ଖେଳାରେ
ଋତୁଙ୍କ ଝଗଡ଼ାରେ
ରାତିର ଆଖଡ଼ାରେ
ସେ ହିଁ ଧୀରେ ଧୀରେ
ପରସ୍ତ ପରସ୍ତ ମୋତେ ଚୋରି କରୁଥାଏ

'ଚୋରି କରିବା ମହାପାପ
ମିଛ କହିବା ମହାପାପ'
ମୋ ଜିଭକୁ ଘୋଷେଇ ଦେଇ
ଆଖିରେ ବସେଇ ଦେଇ
ରକ୍ତରେ ବୁହେଇ ଦେଇ
ଅପରପକ୍ଷରେ ସେ ହିଁ
ପ୍ରଲୋଭନ ହୋଇ ଠିଆ ହୋଇଥାଏ
ତା' ଚିକ୍‌ଚିକ୍ ପଣରେ ଉକୁସେଇ ମୋତେ

ଛାତିରେ ହାତ ବାଡ଼େଇ ଘୋଷଣା କରୁଥାଏ
ସବୁ ଚିକ୍‌ଚିକ୍ କେବେ ବି ସୁନା ନୁହେଁ

ସେ ଙ୍ଗେରି କରାଏ ମୋତେ
ମୁଁ ଙ୍ଗେର ହୁଏ
ସେ ଲାଞ୍ଚ ହୋଇ ଗେଞ୍ଜା ହୁଏ ହାତରେ
ମୁଁ ଲାଞ୍ଚୁଆ ବୋଲି ଚହଲ ପଡ଼େ
ସେ ପ୍ରେମିକ ପାଲଟି
ମୋତେ କାଟି କାଟି ପଇଁତିରିଶ ଖଣ୍ଡ କରେ
ଆଉ
ପ୍ରେମରେ ଲାଗିଯାଏ ପ୍ରଶ୍ନବାଚକ ଚିହ୍ନ

ତା' ଘୃଣାର ବାସ୍ନାରେ
ଅଣନିଶ୍ୱାସୀ ହୋଇ
ମୁଁ ଅପ୍ରେମର ଘେଷେରା ଶାଢ଼ୀଟେ
ପିନ୍ଧି ପକେଇଲା ବେଳେ
ଦୁନିଆଁ ମାଗିବସେ ତା' ଭାଗର ଉତ୍ତର
ପ୍ରଶ୍ନ ହୋଇ... ଉତ୍ତର ହାତେଇ
ସେ କେମିତି କେଉଁ ମୁହଁରେ
ବାରବାର ହଜିଯାଏଉଥାଏ

ସେ ଦେହ
ସେ ପୁଣି ଦେହର ବେପାରୀ
ସେ ସୁଖ
ସେ ପୁଣି ଲୁହର ପଞ୍ଜୁରୀ
ସେ ଦଲକାଏ ଅମ୍ଳଜାନ
ପୁଣି ମୁଠାଏ ଅଙ୍ଗାରକାମ୍ଳ
ସେ ମୃତ୍ୟୁ
ସେ ହିଁ ଜୀବନର କାମ୍ୟ

ଯା'ର ବିନା ଇସାରାରେ
ପତ୍ରଟେ ହଲେନା ଏଠି
ଯିଏ ହର୍ତ୍ତାକର୍ତ୍ତା ଦୈବ ବିଧାତା ବୋଲି
କହୁଥାଏ ମନ୍ଦିରର ଘଣ୍ଟି
ଦୋଷୀ ହୋଇ
ଦୋଷତକ ମୋ ମୁଣ୍ଡରେ ଲଦି ଦେଇ
ସେ କୁଆଡ଼େ ଚାଲିଯାଉଥାଏ ?

ସେ ମଣିଷ ପରି ଈଶ୍ୱର ?
ନା
ଈଶ୍ୱର ପରି ମଣିଷ ?
ମୁଁ କେବେଠୁ ଖୋଜୁଛି ତାକୁ
ଯଦି ଜାଣ, କହିଲ !
ସେ କିଏ ?

■

ସଂଘମିତ୍ରା ରାଏଗୁରୁ (ବହୁଭାଷୀ କବି ଓ ଲେଖିକା, ଅନୁବାଦିକା, ଉପସ୍ଥାପିକା)
ଶିକ୍ଷା : ବିଏସ୍‌ସି ବିଇଡି, ଏମ୍‌ଏ (ହିନ୍ଦୀ ସାହିତ୍ୟ)

ପ୍ରକାଶିତ ଓଡ଼ିଆ କବିତା ପୁସ୍ତକ -

- ଆଖିରେ ଆଖିଏ ସ୍ୱପ୍ନ (ଇଭେଣ୍ଟ ପବ୍ଲିକେଶନ)
- ଜହ୍ନରେ ବି ଉଠେ ଝଡ଼ (ଟାଇମ୍‌ପାସ୍ ପବ୍ଲିକେଶନ)
- ଚାଲ ! ଦୀପଟେ ଜାଳିବା (ଟାଇମ୍‌ପାସ୍ ପବ୍ଲିକେଶନ)
- ତୁମେ ସମୁଦ୍ର ମୁଁ ଶୋଷ (ବନଫୁଲ ପବ୍ଲିକେଶନ)
- ଯାହା କୁହେନା ଆଇନା (ପଶ୍ଚିମା ପବ୍ଲିକେଶନ)
- ଟୋପେ କାକରର ମୋହ (ପଶ୍ଚିମା ପବ୍ଲିକେଶନ)

ପ୍ରକାଶିତ ଅନୁବାଦ ପୁସ୍ତକ - (ଉପନ୍ୟାସ)

- ପ୍ରେମଚନ୍ଦଙ୍କ 'ସେବାସଦନ'
- ପ୍ରେମଚନ୍ଦଙ୍କ 'ପ୍ରତିଜ୍ଞା'
- ପ୍ରଦୀପ ବିହାରୀଙ୍କ ମୈଥିଳୀ ଉପନ୍ୟାସ 'ମୃତ୍ୟୁଲୀଳା' (ପ୍ରକାଶ ଅପେକ୍ଷାରେ)

ପ୍ରକାଶିତ ହିନ୍ଦୀ କାବ୍ୟ ସଂଗ୍ରହ -

- कुछ झुँट चाँद के
- रोशनी की खातिर

ସମ୍ମାନ ଓ ପୁରସ୍କାର -

- ମହାକବି ଭାରତୀଙ୍କ କବିତା ଓଡ଼ିଆରେ ଅନୁବାଦ ହେତୁ ମାନନୀୟ ଉପରାଷ୍ଟ୍ରପତିଙ୍କ ଦ୍ୱାରା ପୁରସ୍କୃତ
- ମୟୂରଭଞ୍ଜ ପୁସ୍ତକମେଳା କବିତା ପୁରସ୍କାର
- ଓଡ଼ିଆ କବିତାକୁ ଉପସ୍ଥାପନା କରିବା ଲାଗି କେନ୍ଦ୍ରସାହିତ୍ୟ ଏକାଡ଼େମୀ ଦ୍ୱାରା ମନୋନୀତ
- କୁଞ୍ଜବିହାରୀ ଉପନ୍ୟାସ ସମ୍ମାନ (ଉତ୍କଳ ସାହିତ୍ୟ ସମାଜ)
- ମନମୋହିନୀ କବିତା ପୁରସ୍କାର (ଉତ୍କଳ ସାହିତ୍ୟ ସମାଜ)
- ଅନ୍ନପୂର୍ଣ୍ଣା ପ୍ରବନ୍ଧ ସମ୍ମାନ (ଉତ୍କଳ ସାହିତ୍ୟ ସମାଜ)
- ସାହିତ୍ୟ ଦର୍ପଣ ସମ୍ମାନ
- ନାରାୟଣ ମୁଦୁଲି ତରୁଣ କବି ପୁରସ୍କାର
- ବିଦ୍ୟୁଲତା ପ୍ରତିଭା ସମ୍ମାନ
- ଗାନ୍ଧୀ ସେବାରତ୍ନ ପୁରସ୍କାର (ଆଦର୍ଶ ସାହିତ୍ୟ ସମାଜ, ରାଜସ୍ଥାନ)
- ସାହିତ୍ୟ ଶୃଙ୍ଗାର ସମ୍ମାନ (ମେରଟ୍, ଉତ୍ତରପ୍ରଦେଶ)
- 'କଲମକାର କି ଖୋଜ' ପୁରସ୍କାର (ରାୟପୁର, ଛତିଶଗଡ଼)

BLACK EAGLE BOOKS

www.blackeaglebooks.org
info@blackeaglebooks.org

Black Eagle Books, an independent publisher, was founded as a nonprofit organization in April, 2019. It is our mission to connect and engage the Indian diaspora and the world at large with the best of works of world literature published on a collaborative platform, with special emphasis on foregrounding Contemporary Classics and New Writing.

www.ingramcontent.com/pod-product-compliance
Lightning Source LLC
Chambersburg PA
CBHW020538080526
44583CB00013B/901
* 9 7 8 1 6 4 5 6 0 4 3 5 8 *